ＡＩ時代を生き残る仕事の新ルール

水野 操

青春新書
INTELLIGENCE

はじめに

「今やっている仕事がなくなってしまったら、自分はどうすればいいのか」

「○○という仕事を目指しているが、将来なくなってしまうことはないか」

　２０１５年に『あと20年でなくなる50の仕事』（青春出版社）を上梓して以来、取材や講演などでさまざまな質問をいただいたが、多くの人はこれから便利になるかもしれない生活や明るい未来について思いをはせるのではなく、自分の仕事が将来どうなってしまうのかという不安を感じているようだった。

　ジャストシステム社が行った調査によると、若い人ほどＡＩに自分の仕事が奪われると考える割合が多い。世代によってその差は大きく、50代以上は18％と考える一方で10代では46％とほぼ半数だ。実際、高校生くらいでよく勉強している生徒さんや教育にかかわる先生ほど懸念しているようだ。

　また、取材時に「これから、どんな仕事が生まれると予測されていますか？」という質問を受けることも多い。だが、筆者はＡＩの技術の専門家でもなければ、未来の予測にたけた未来学者でもない。残念ながら未来を見通すことのできる水晶玉も持ち合わせてはいない。そのため、どんな仕事が生まれるかと聞かれても、正直なことを言えば答えようがないというのが現実だ。

ただ、自ら会社を経営している以上、先々どのような社会になるのか、何がビジネスになるのかなどを見越していなければならない。少なくともその努力はしているつもりなので、そのスタンスで何らかのお答えができるようにしている。

一つ言えるのは、どの分野で仕事をしていても、コンピューターやソフトウエア、その周辺の技術に注目し続けるのは重要だということだ。さまざまなビジネスはＩＴを始めとするテクノロジー、あるいはサイエンスの周りに発生し、直接関係のない産業分野でも、その仕事のやり方はＩＴに影響を受けているからだ。

たとえば、１９９０年ころに「20年後にはどんな仕事が生まれているか」と聞かれて、今の状況を具体的な職業名で正確に予測している人はほとんどいなかっただろう。たとえば、ウェブデザイナーという職業について考えてみよう。

インターネットが世間に普及し始めたのは１９９０年代前半で、筆者もそのころにインターネットを使い始め、MosaicやNetscape1.1などのウェブブラウザを使って世界中のサイトを見て回り、自分でもホームページを立ち上げた。さらに、その当時は大企業でも珍しかった会社のホームページを、自分の業務と関係もないのに自ら手を上げて立ち上げた（ちなみに、そのウェブページは今でもウェブページのアーカイブである「Wayback Machine」で見ることができる）。

当初は新しいものとテクノロジーが好きな人が自分で立ち上げたものが多かったが、徐々にウェブページが普及し誰もが使い始めると、ページ制作を専門で受託する会社や個人が生まれてきた。最初からウェブデザイナーなどという職業があったわけではないのだ。

今やウェブデザインは一大産業であり、そこで仕事をするウェブデザイナーもたくさんいる。若い人が「ウェブデザイナーになりたい」といっても、それを不思議に思う人はいないだろう。しかし、最初に筆者がウェブページを立ち上げた時、ウェブデザイナーという職種を想像することすらできなかった。

まずウェブページをつくるという作業が生まれ、ウェブページが求められる環境が発展し、デザイン性や機能性が求められることで、そのような人材を募集する会社が出てきた。そこでようやく「職業」という形で認知されるようになったのだ。

現在では誰もがインターネットを使っているだけでなく、あらゆるものがインターネット経由でつながっていてコミュニケーションをしている。それらを実現するためのさまざまな仕事が生まれ、あるいは、それらの技術を活用した製品やサービスにかかわる多くの職種が生まれている。

漠然とした遠い未来の予測は難しいし、あまりあてにならない

どのような職業がなくなるのか、あるいは生まれるのかという質問に加えて、「これからいったい何を勉強すればよいのか」と、学ぶべきことについて聞かれることも多い。これは答えるのが簡単だと言えるし、難しいとも言える。〝具体的に〟何を勉強すればいいのかを、その質問者を失望させないように答えるのが難しいからだ。

多くの場合、プログラミングなどの従来の学校教育にはなかった新しい科目が必要だという答えが期待されているのかもしれない。2020年から小学校の授業で必修化されるため学校や教師の側に切迫感があり、海外などの取り組みが断片的に伝えられたりもするからだ。

一方で、「リベラル・アーツや人が生きていくうえで本当に必要なごく一部のことを学

べば、何を学ぶのか、何が必要なのかは見えてくる」などと答えると、一応納得してくれているようだが、やはり釈然としない人も多い。見方によっては、私が至極当然のことを言って答えから逃げているようにも感じられるのだろう。

そこで本書では、現在ある仕事がAIからどのような影響を受けてどのように変化していくのか、もしくはなくなってしまうのか、なくなった場合にはどのような対処ができるのか、という観点で筆者の考えを述べていくことにする。

仕事がなくなるのかなくならないのかという議論はもはや日常のものになり、雑誌やウェブの記事のみならず、私のものも含めて書籍が何冊も出ている。ただ、どれもAIというテクノロジーがもたらす技術的な可能性と人の仕事を比較的単純に結びつけている。

もちろん、もう少し遠い未来、50年とか100年単位で考えれば、私たちの仕事はAIに丸投げできるようになっているかもしれない。だが、それが10年あるいは20年でやってくるのかといえば、疑問だと言わざるを得ない。

ビジネスの主体となっているのは人間である。すべての人間がすべての業務の領域において人間ではなくAIだけに囲まれて仕事をしたいか、という議論もあるだろう。人間は必ずしも効率化のみで仕事をするわけではない。また、今でもそうだが、どうも機械が苦手で人にやってもらいたいというビジネスオーナーも減らないだろう。

将棋や囲碁というゲームにおいても、すでにAIは人間の能力を凌駕《りょうが》しているかもしれないが、だからといってみんな人間の棋士が指す将棋に興味を失い、AIが指す将棋に興味が行ってしまうわけでもない。やはり、人間は「人」がやるものを見たいのであって、そのような需要はなくならないだろう。

つまり、テクノロジーの進歩で仕事のやり方が大きく変わることは確かだが、それだけが理由で職業がなくなると断定することはできない。少なくとも、一面的なことだけを考察するのでは不十分だ。本書では、その点も含めて考えていきたい。

AIとどうつき合うべきか自分の仕事に合わせて考える

本書では、AIを含めたテクノロジーが自分の仕事にどのような脅威をもたらすか、あるいはどのようにすれば味方につけられるのか、読者自らの状況に合わせて考えられるようにしたい。

筆者はこのことについて特別な手法を持ち合わせているわけではないが、ＡＩについての最新情報は新聞やウェブに山ほど出てくるし、その分野の専門家によるわかりやすい解説書もたくさんある。このような状況では、健康法の本と同様に、何を信じたらいいのかがよくわからなくなっているのかもしれない。

ＡＩを開発するのでなければ、何もＡＩを使ったアプリのプログラミングを自分ができる必要はない。それより大事なのは、いま語られているＡＩなるものがいったい何なのか、何ができて、どのような限界があるのかを知ることだ。

そして、ＡＩ関係のニュースを見た時に、この先にどんな風にそのサービスが使われていく可能性があるのか、自分の仕事には生かせるのか、生かせるとしたらどのように生かせるのか、自分の職業にはどんなインパクトがあるのか、想像してみることが大切だ。

一般的な知識とニュースだけでどうにかなるのかと思う人も多いかもしれないが、注意深くニュースを集めて、それを元に予測することには十分意味がある。よく知られた話だが、外交などにおける諜報《ちょうほう》活動では、9割にものぼる情報はオシント（OSINT＝Open Source Intelligence）と呼ばれる各種メディアなどの公開情報から得ているという。

我々がやるのは諜報ではない。大仰な分析などをしなくても、日々公開されている情報同士、そして私たちの仕事を結びつけて仮説とシナリオをつくることはできる。

ありきたりの予想しか出てこないかもしれないし、その過程で何か新しいビジネスにつながる発想が出てくるかもしれない。自ら予想をしてみた結果、いろいろなメディアで語られている予想や、この本で語られていることとは違う結論に至るかもしれないが、それでいいのだ。本書で語られている筆者の予想よりは、自分の意見のほうが大事である。


一定の期間内に起きる出来事、あるいは変化は年々多く、複雑になってきている（逆に言うと、時代の変化が遅かった昔のほうが予測が容易で人間の想像の範囲に収まっていた）。今となっては、20年後はおろか10年後の予想も難しい。

だが、目が覚めたらいきなり20年後になっているわけではない。1年先、3年先、5年先なら多少は高い精度で予測できるかもしれない（間違っていたら修正すればよい）。筆者は業務の一つとして製造業などの製品の構造解析の仕事にも携わっているが、そこでは「非線形解析」という方法を用いる。非線形とは、たとえば2つの間の関係をグラフにすると単純な直線ではなく曲線のようになる。だから単純に関数で求めるということができない。そのため、短時間での変化が大きければ大きいほど細かく時間のステップを区切って解析することになる。

ＡＩと仕事の関係も、そのように考えればいいのではないだろうか。

身の回りの情報から個人、自分たちの職場とＡＩの未来を俯瞰的に考える

本書の構成としては、第1章で、私たちはなぜＡＩに対して不安を抱くのかということを考察する。第2章では、第1章の考察を元にして、ＡＩとさまざまな職業の分野、そこにかかわる個人、そして企業の観点から職業のこれからの大きな変化の流れを考え、どのように対応することができるのかを考える。第3章では、ＡＩに取って代わられる職業があるとすればその共通点を探り、第4章ではその考察を個人だけでなく組織全体に広げてみる。そして第5章では、3章と4章までのまとめ的に、自分の仕事のＡＩに対する耐性とその位置づけについて、最後の第6章では一歩進んで、ＡＩ時代に活躍できる働き方のモデルを考えてみる。

ただ、忘れてほしくないのは、このような変化は必ずしもＡＩだけによってもたらされるわけではない。さまざまな技術と社会的変化が総合して影響を及ぼしているのだ。本書

ではＡＩを考察の中心に位置づけはするが、Ａ Ｉの発展と活用は私たちの社会や組織、個人に大きな影響を及ぼす。Ａ Ｉはそれを取り巻くさまざまな環境とは切っても切れない関係にあるため、総合的に俯瞰するようにしたい。

なお、本書では基本的にＡＩ個別の技術的な詳細や仕組みについては述べない。それは、筆者がＡ Ｉの技術の専門家ではないこと、本書の趣旨が技術的な将来性を述べるためではないこと、さらにＡ Ｉの技術面に関してはすでに多くの書籍が出版されていることが理由である。Ａ Ｉの技術そのものについて興味のある方はそれらの本を参照されたい。

本書で考察を進めていくのは、あくまでＡ Ｉが私たちの職業にどのような影響を与え、また私たちはそれにどのように対応していけばよいのかという点だ。

ただし、筆者は決して本書を予言の書のようにしたいわけではない。むしろ、未来は自分たちが作り上げていくものだと考えている。受け身のスタンスで予測をすることは、とりもなおさず、「自分はＡ Ｉと同等かそれ以下の存在」と認めるのに等しいのではないかという思いがある。

本書では、「どうしたらよりアクティブにＡ Ｉを自分のよきアシスタントとして使うことができるのか」という視点を、常に念頭において話を進めていく。
読者のみなさんも、決して誰かに押しつけられたＡＩが広がっていく社会ではなく、自らがＡＩをコントロールし活用する社会というものを考えていただければ幸いである。

２０１７年９月吉日　水野 操

AI時代を生き残る仕事の新ルール——もくじ

第1章 今あるのは人間と協業する「弱いAI」にすぎない

第2章

「人間であること」のメリットを生かすには

第3章

職業分野別、AI時代の生き残り方のヒント

第４章

企業とテクノロジー、組織と個人の関係について

第5章 ＡＩに対する自分の耐性をチェックする

第6章

ＡＩ時代に未来をつくる働き方のモデル

本文DTP　センターメディア

第1章

今あるのは人間と協業する「弱いAI」にすぎない

盛り上がるAIと人間の未来に関する議論

今回のＡＩについての盛り上がりは、一過性のブームで終わる気配がない。「ＡＩ・人工知能ＥＸＰＯ」のような展示会には、ラッシュ時の電車並みに歩くのも大変なくらいの人が押し寄せている。とりあえずの情報収集という向きも少なくないが、何らかの形で自社のビジネスに使うことができないかという具体的な目的を持っている人も多い。

ビジネス的な取り組みが盛り上がりを見せる一方で、人間の職業がＡＩに奪われてしまうのではないかという懸念もさまざまなメディアを賑わせている。

そもそも、ＡＩの人間の雇用に対する脅威が話題になったきっかけは、オックスフォード大学のマイケル・Ａ・オズボーン准教授の論文だ。また未来学者のトーマス・フレイ氏は、２０３０年には全世界の雇用の半分である20億人の雇用が消えると予測している。つまり、失業率50％だ。本当にそうなるなら、私たちの世界にとってあまりにも大きな変化だ。

オックスフォード大学の研究者は、３５２人の機械学習※の専門家にインタビューした結果を発表している。それによると、あと10年くらいで翻訳やトラックの運転、高校レベルのエッセーを書くのはＡＩのほうが人間よりもよくできるようになるようだ。

※　機械学習　コンピューターを使って収集したデータを学習し、ルールを見つけ出すこと。それらを使って結果を予測し、実際と照らし合わせることでさらに精度が上がる。ビッグデータの時代になり、幅広い分野で活用されている

ＡＩがそのまま成長を続けると２０３１年には小売店の従業員が、２０４９年にはベストセラー作家が、２０５３年には手術の執刀をする外科医がそれぞれ職を失う。

専門家によってはあと１２０年のうちに、場合によってはもっと早く、現在の全人類が持っているすべての仕事はＡＩに奪われると予測している。

もちろん、これはすべて学問的、技術的観点からの予測だ。人間の世界は技術の進化だけですべてが予測できるわけではない。そもそも、ＡＩは私たちが生み出したものであって、まだまだその進化は私たち人類の手の上にあるのだ。

とはいえ、そのような潜在的能力を持つ存在が出てきたことに、私たちは大きな脅威を感じている。

そこで本章では、そもそもなぜ私たちはＡＩを脅威に感じているのかを考えてみたい。

ＡＩとは、本当に私たちの仕事を根こそぎ奪ってしまうような脅威なのか。そうであるなら、どういう点で人間を上回っているのかを具体的に考えなければ話が始まらない。現在、私たちが感じている不安はかなり漠然としたものなのだ。

ただ、テクノロジーの進歩が少しずつ私たちの仕事のあり方を変えているのは確かで、ＡＩの進歩はその流れを加速させるとイメージする人も多いだろう。一般に、私たちは見知らぬものや世の中の変化を興味深く思う一方で、不安や恐れも感じる。

だから、基本的な事実や現在起きていることを正確に把握することで、恐れるべきものを正しく恐れたり、将来に向けた対処がロジカルにできるようになる。

先に筆者の見解を言えば、「AI」そのものが多くの人たちの仕事を直接的に奪うということは、まだ難しいだろう。仕事がなくなっていく理由は、むしろ他の要因のほうが大きいのではないだろうか。その理由について、これから詳しく述べていく。

創業経営者以外のすべての業務は置き換え可能

今の世界において、資本主義の世界に生きている日本をはじめとする多くの国では、資本を持つ人がある事業目的のために資本を使い、必要に応じて生産手段を購入し、事業を進めて利潤を追求していく。それに対して、多くの労働者（一般的には会社組織などの従業員）は、自分の労働力を商品として資本家に売る。小規模な会社や同族経営の会社の場合には、資本家が会社の事業を行うための労働力を同時に提供することも一般的だ。

資本を持つ人は、事業の目的を実現して利潤を得るために生産手段を購入し、事業を進める。生産手段には機械やコンピューターなどの設備、備品も含まれるが、人間たる私たち労働者も資本家にとってみれば生産手段の一つにすぎない。

生産手段の一つとして雇ったはずの従業員が、予定した通りのパフォーマンスを発揮してくれないと資本家としては困った状況になる。そこで手を替え品を替え、パフォーマンスが上がるようにする。それでもどうしようもない時には辞めてもらって、もっとパフォーマンスの高そうな別の従業員を雇うことになる。

だが、人間の従業員のパフォーマンスをコンピューターで補えるとしたらどうだろうか。資本家にとってみれば、同じ結果が得られるのであれば購入コスト、維持コストが安いに越したことはない。

置き換えられるのがどのような仕事なのかにもよるが、「単純」「繰り返し」「大量処理」は、もともとコンピューターが得意とするところだ。そこにAIのような、より主体的に考えることのできる存在が導入されれば、間違いなくその仕事に適応することができる。

生産手段のコスト自体の問題もある。基本的には、人間の生産手段のコストは上昇する傾向だ。日本の場合、新卒従業員の給与はこの20年ほど物価同様にほとんど上昇していない。しかし、どのような給与体系でも年功があれば雇うためのコストは上がっていくし、社会保険をはじめとした福利厚生の負担も増加していく。

東南アジア、中国をはじめとする海外の労働力も経済発展にともなって徐々にコストは高くなっている。逆に、今や日本が「安い国」とも言われつつあるくらいだ。

その一方で、AIの開発コストや利用コストは今後も下がっていくことが想定される。今後、さらにユーザーが増えれば、工業製品や他の多くのソフトウエアと同様にコストが下がる。10年前と同じコストで、段違いに高い性能を手に入れられるわけだ。

AIに必要なソフトウエアも同様だ。この数年ソフトウエアの購買方法が劇的に変わってきている。変化の速いソフトウエアの場合は、購入するのではなく期間限定でサービスを使わせてもらうというSaaS※の考え方が普及してきた。

これによって一時的な購買コストを抑え、必要な分を必要な期間、リーズナブルに使えるようになったのだ。

つまり人間のコストは上昇傾向にあり、AIのコストは下降傾向にあるわけだ。

そうなると、今後はAIの能力とコストパフォーマンスが人間を上回った職種から置き換えが進むと考え、恐れるのもそれほど荒唐無稽な話ではない。

従業員もAIも資本家にとっては同じ生産手段の一つであり、今後のAIの発展次第で

※　SaaS（Software as a Service）　ソフトウエアをインストールするのではなく、必要な機能を必要な期間だけ、利用料を払って利用する形式のソフトウエアのサービス。一般には、インターネットに接続した状態で利用することが多い

は、生産手段としてのＡＩがもっと積極的に採用されるのは当然の成り行きだ。したがって、資本家たる創業者以外はＡＩに置き換わる可能性があることに間違いはない。

「強いＡＩ」と「弱いＡＩ」

これから、人間がＡＩを過度に恐れる必要のないことを述べていくわけだが、その前に、「ＡＩが仕事を奪う」という際のＡＩの定義をはっきりさせておく必要がある。ＡＩという言葉はさまざまなメディアで多用されているわりには、本来とは違った意味合いで使われていることも多いからだ。

まず、辞書や専門家がどのようにＡＩを定義しているか、いくつか抜き出してみよう。

「人工知能（じんこうちのう、英：artificial intelligence、ＡＩ）とは、人工的にコンピューター上などで人間と同様の知能を実現させようという試み、或いはそのための一連の基礎技術を指す」（Wikipedia）

「人工的に作った知的な振る舞いをするもの」溝口理一郎氏（北陸先端科学技術大学院大学特任

教授）

「究極的には人間と区別がつかない人工的な知能」松原仁氏（公立はこだて未来大学教授）

（共に『人工知能とは』〔近代科学社〕より）

それぞれ微妙にイメージするものに差はあるものの、共通するのは人間が造物主となり、機械でありながらあらゆる側面で人間に似た能力を兼ね備えた存在だといえる。

人間の特徴の一つは、さまざまな目的に対応できる多機能な存在であることだ。汎用性があるとも表現される。オフィスで書類をつくり、家で大工仕事をし、料理をつくり、スポーツや囲碁将棋などのゲームもできる。

ＳＦなどには身体的、知能的にも人間を超える人型ロボットが登場するが、もともとＡＩとして考えられているのは、このような汎用的な機能をはたす存在だ。

人間同様に世の中のさまざまな問題に対応できるようなＡＩは、「強いＡＩ」と呼ばれる。「自意識を持つもの」と定義される場合もあり、もはや単なる機械とは言えないような存在だ。このようなものが存在するなら、確かに私たちの仕事を奪うことができるどころか、場合によっては私たち人間の存在を脅かす可能性すらある。

しかし、現時点でこのようなＡＩは存在しないし、近い将来に実現するという見通しもない。２０４５年にＡＩが人間の能力を追い越す「シンギュラリティ」がくると言われており、確かにコンピューターの基本的な能力はそのレベルに達するかもしれないが、実際に一つの機械として機能するかどうかは別の話だ。

では、昨今私たちが盛んに話題にしているＡＩとは何のことだろうか。

囲碁や将棋でプロ棋士を破り、あるいはその棋士たちが自分たちの研究の相手に選んでいる。自動運転車は徐々にその成熟度合いを上げてきている。投資や資金運用のサービスに、あるいはガンの診断に活用され始めたりもしている。コールセンターの背後で利用されていたり、大学で学生ごとのカリキュラムの作成にも使われ始めている――。

こうした「ＡＩ」を活用したサービスは日に日に増えているが、これらのＡＩと前述の強いＡＩとは何が違うのだろうか。

いまＡＩと呼ばれているサービスの共通点を探してみると、これらはすべて特定の機能に特化している。たとえば、「アルファ碁」はプロ棋士にさえ勝つことができるが、資金の運用はできないし、コールセンター業務をこなすこともできない。人間のように苦手とかいうレベルではなく、本当にやることができないのだ。

つまり、何かの作業や業務に特化したＡＩだということができる。このような、現在活用されはじめているＡＩを「弱いＡＩ」と言う。弱いＡＩは、汎用的な能力を持つ強いＡＩに対して、その能力を非常に限られた分野にしか発揮できない。もう一つ、筆者が定義をつけ加えれば、弱いＡＩとは「人に使われることが想定されているＡＩ」だ。

ＡＩを活用したアプリを開発するためのプラットフォームがすでに提供されており、何らかのサービスや技術に特化した「弱いＡＩ」は今後も続々と登場しそうだ。つまり、これからしばらくの間、私たちがつき合っていくのはこの弱いＡＩである。

そこで本書では、特に断りのない限り、「ＡＩ」あるいは「人工知能」という言葉を「弱いＡＩ」という意味で使用する。

テクノロジーは常に私たちの仕事を奪ってきた

では、なぜ私たちはそのような「弱いＡＩ」に脅威を感じるのだろうか。その理由の一つは、ＡＩが持つ情報処理能力の高さにある。大量のデータを処理する際のスピード、正確さ、あるいは処理の効率が、人間の担当者よりも圧倒的に優れていることに疑いはない。

そうだとすると、現在ＡＩが実現しつつある業務についている人たちにしてみれば「自分の仕事を奪う競争相手」と考えても不思議ではない。

とはいえ、これは『あと20年でなくなる50の仕事』でも書いたことだが、本来、面倒なさまざまな作業をＡＩが人間の代わりにやってくれるのは理想であるはずだ。そうすれば人間はもっとやりたいことに存分に時間を使うことができるようになる。

２０１７年8月、筆者はSchoo（スクー）というインターネット上の生放送の授業で、「ＡＩが発展した20年後の仕事と生活」という授業を担当した。その際、「ＡＩが人間の仕事を肩代わりしてくれたら、みなさんはどうするか」と受講者に問いかけたところ、アーティスティックな活動をはじめ、今は時間がなくて我慢している活動をやりたいという声が多数あった。それを実現させてくれるかもしれないという認識はみんなあるのだ。

家庭でのことを考えれば、１９６０年代に掃除機や洗濯機などが普及し始めた。さらに、現在はお掃除ロボットなどを使うことで、１００％ではないにしろ、洗濯や掃除といった「仕事」はほぼ機械が肩代わりしてくれる。それに対して文句を言う人はいない。

しかし現実には、その正反対の心配をする声のほうが多い。ある高校の生徒さんからインタビューを受けた際、次のような質問を受けた。

「商業高校で簿記を勉強しているが、そもそも自分の仕事は将来もあり続けるのか」

「自分が社会に出るころの仕事は、さらにその後の自分の職業人生はどうなのか」

つまるところ、仕事とは食い扶持《ぶち》のことである。労働することで収入を得て生活することが前提の現代社会では、収入の手段が奪われてしまうことは死活問題なのだ。

しかし、仕事は常に変化している。筆者は、今のAIは決して新たな脅威ではないと考えている。なぜなら、昨今のAIはパワフルになってきているかもしれないが、これまで私たちを労働から解放してきたさまざまな道具の延長線上にあるものにすぎないからだ。

オフィスにパソコンが普及する以前は、情報の検索から自社内の資料探し、さらに資料づくりや場合によってはその清書など、すべての作業は多くの人に分業されていた。今は、これらの仕事を全部1人でやっていることが多いだろう。つまり、仕事がなくなるというのは今に始まったことではなく、常にテクノロジーは人間の仕事を奪い続けているのだ。

その理由は簡単で、間接業務としての作業がコストだからだ。利益を上げるには必ず何らかのコストをかける必要があるが、必要不可欠以上のコストは利益を減らしてしまう。

今のＡＩはどこに弱点があるのか？

このように見ていくと、個々の作業レベルであれば、確かにＡＩには人間の仕事を奪う潜在的な力があることは事実だろう。今後さらに強力になるであろうＡＩだが、すでに述べたように、現在のＡＩは「弱いＡＩ」である。棋士の場合は将棋を指すこと自体が作業のほぼすべてなので、単機能とはいっても棋士にとってみれば確かにインパクトのある存在だ。しかし、実際の仕事ではそのようなケースは多くない。

一見総合的な機能を提供しているように見えても、実際は単機能のものをパッケージしたようなものが多い。たとえれば、マイクロソフト社のＯｆｆｉｃｅ製品のようなものといえる。同じメーカーがつくっているので他社製品よりデータの連携はとりやすいが、個別の機能が有機的に連動しているわけではない。だが、特化型の機能が弱いＡＩなのだから、それは当たり前だ。ＡＩ単体の話で見れば、これは弱点でも何でもない。ただ「ある職種を人間と奪い合う」ということになると、これはＡＩにとっては弱点だ。

つまり、どの職種でも単機能なＡＩを業務に合わせて選別し、融合する必要がある。言い換えると、人間がＡＩの機能を「使ってあげる」必要があるわけだ。

もう一つ言えるのは、ごく狭い分野においてでも、人間の能力を上回る力を発揮するには大量の情報を「学習」する必要がある。新しい分野の事業などで情報が少ない場合には、強力な力とはなりえない可能性があることになる。

たとえば、AIがガンの診断をするとしても、検査結果や予後の情報がある程度用意されていれば、経験が蓄積されるにつれ力を発揮していく。だがそれがない場合、AIでも力を発揮することはできない。

また、まったく異なる分野の情報を抽象化してエッセンスとなる考え方を抜き出し、そこから推測して別の分野に当てはめて考えるというのは、まだまだ人間の役割だと言える。

市場調査会社によるAIの浸透についての予測

新しいテクノロジーが話題になると、気になるのはその成熟度と今後の見通しだ。

アメリカの市場調査会社であるガートナーは、特定の技術の成熟度や採用度、社会への適用度を示した代表的なリサーチの一つである「ハイプ・サイクル」を紹介しており、2017年8月23日、「先進テクノロジのハイプ・サイクル：2017年」（左ページ図）

※1　ディープ・ラーニング　人間の神経を模して作った「ニューラルネットワーク」を活用した仕組みで、機械学習の発展したもの。大量のデータを学習することは同じだが、注目すべきポイント（特徴量）を自ら見つけることができる

先進テクノロジーのハイプ・サイクル

出典：ガートナー

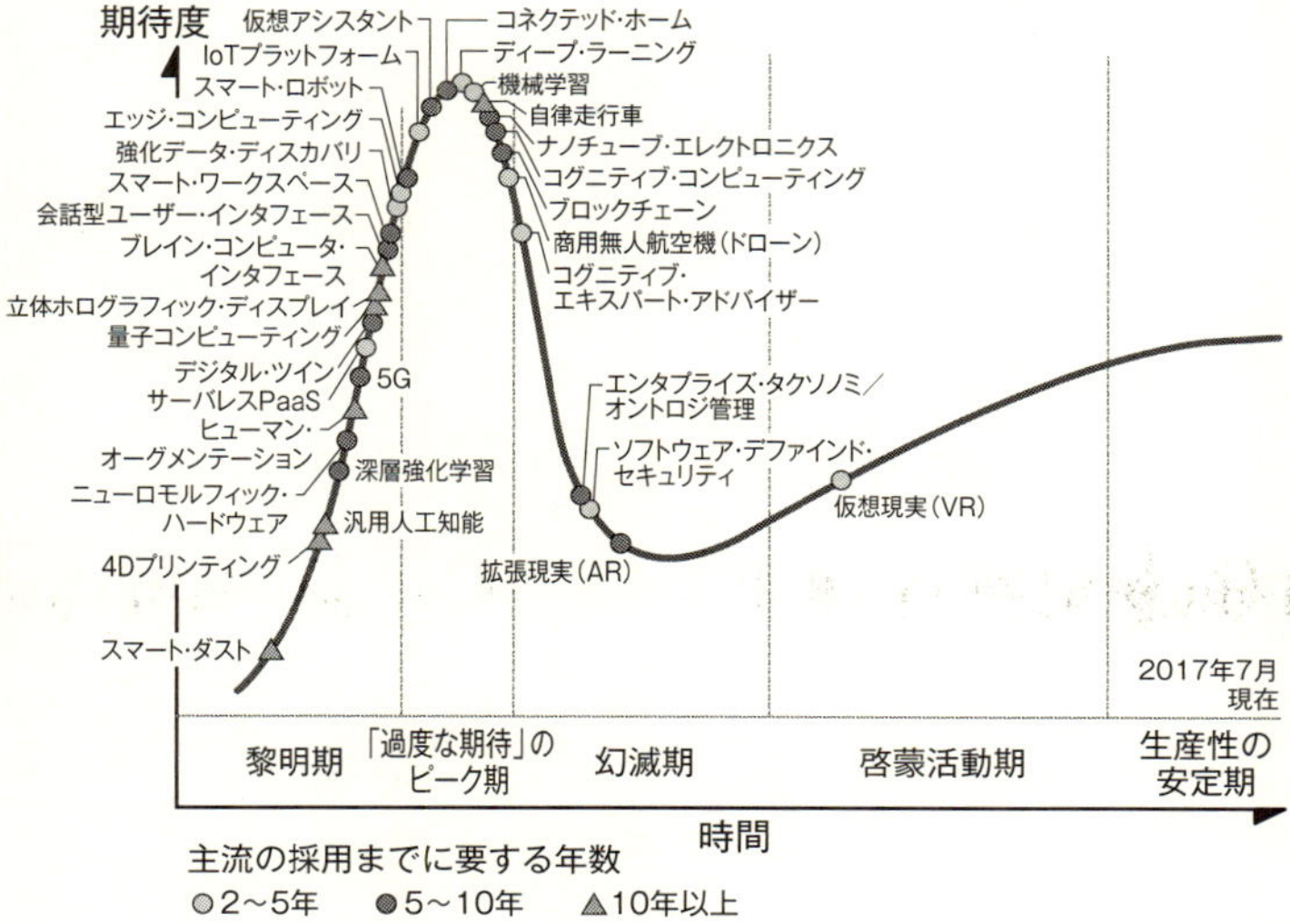

を発表している。

この中でガートナーは、これからの5年ないし10年のデジタル・エコノミーで成功するために必要な3つの大きなトレンドを予測している。

その大きなトレンドの一つが「どこでも人工知能（AI）となる世界」だ。そして、これから10年にわたって、「AIは最も破壊的な技術領域になる」としている。つまり、今後AIを効果的に取り入れた企業や個人と、それをしなかった企業や個人とでは、格差が生じてくる可能性が高い。このテーマに注力したい企業が検討すべきテクノロジーとして、「ディープ・ラーニング※1」、「深層強化学習※2」、

※2　深層強化学習　強化学習では、固定された学習データを用いるのではなく環境を観察しながら自動でデータを収集しつつ学習する。この強化学習を、ニューラルネットワークを活用して行うのが深層強化学習

「汎用人工知能」、「自律走行車」、「コグニティブ・コンピューティング[※1]」、「会話型ユーザー・インターフェース」、「機械学習」、「スマート・ロボット」などが挙げられている。

これに加えて、同社が大きなトレンドと考えているのが「透過的なイマーシブ・エクスペリエンス」だ。そう言われてもよくわからないだろうが、イマーシブ・エクスペリエンスは、「没入する体験」とでも考えればいいだろう。

最近話題になっているVR（バーチャルリアリティ）やAR（拡張現実）がそれだ。このトレンドに関するテクノロジーとして挙げられているのが「4Dプリンティング[※2]」「AR」「コネクテッドホーム[※3]」などだ。そして、技術の進化はこれからも人間中心型となり、人、ビジネス、モノが透過的に、あるいはより密接していく関係になるという。

つまり、AIはこれから一層破壊的な技術領域に入ると考えられる一方で、人はAIやその他のテクノロジーに排除されるのではなく、むしろ今まで以上に切っても切れない関係になる可能性があるということだ。

一個人にとって、それは非常にメリットのあることなのか、あるいは監視されるような関係になるのかはわからない。ただ、人間と機械が交じり合った世界になっていく可能性があるということだ。では、そうした状況はいつごろ到来するのだろうか。

※1　コグニティブ・コンピューティング（Cognitive computing）　経験や成果から学習し、相関関係を見つけることなどができるシステム。人間がよりよい判断ができるよう、サポートすることを目的とする

ハイプ・サイクルで見る限り、ディープ・ラーニングや機械学習、自律走行車は過度な期待のピークを乗り越えつつあるようだ。また、ディープ・ラーニングなどは、主流の採用までに要する年数が2年から5年と予測されている。これらの技術を使うサービスは今後もスピードアップすることが考えられる。

その一方で、人間の雇用にダイレクトにインパクトがありそうな汎用人工知能は、まだ黎明期のさらに最初のほうで、主流の採用まで10年以上の時間があるようだ。少なくとも、直接私たちの仕事が奪われるという懸念はしなくてもよさそうだが、一方でＡＩは私たちにもっと密接した関係になってくることも予測される。

そうなると、何か大きく私たちが仕事のやり方を変えなくてはならないのかもしれない。はたして、そうした変化についていくことができるのだろうか？　それが私たちを不安にさせ、ＡＩに脅威を感じざるを得ない理由だ。

※2　4Dプリンティング　立体に時間の次元が加わったもので、時間の経過に応じて形状が変化する立体物を製造するプロセス。応用例としては、自分で組み上がる製品や、使用される環境や状況に応じて変化する部品や製品が考えられる

※3　コネクテッドホーム　モノのインターネット（IoT）で家のあらゆる設備（テレビや照明、冷暖房、冷蔵庫など）を接続することによって、外出先からでも遠隔操作を行うなどのさまざまな制御ができる家、あるいはそのシステムのこと

第2章

「人間であること」のメリットを生かすには

第1章では、あらためて今のＡＩを振り返り、少なくとも現在の私たちの目の前にあるのは「弱いＡＩ」すなわち、単機能で特化型のＡＩであることを述べた。単機能であるがゆえの弱点は確かにあるが、特化している機能については、人間をはるかにしのぐ性能を持っている。従業員たる人間側が何もしなければ、少なからぬ仕事がなくなってしまう可能性が出てくることは明らかだ。

ＡＩ時代に従業員としての人間が生き残るためには、「人間が働いているがゆえのメリット」を打ち出していかなければならない。売上げを最大にしてコストを最小限に抑えるのが商売の基本だが、非常に価値のある生産手段であれば、高いコストを払ってでも自分の組織にとどめておきたい。

ＡＩ時代にそのような存在になるには、どうしたらいいのだろうか。

今のＡＩで消滅するのは「個別の作業」

完全に人間が必要ない自動運転車が現れれば、「運転者」という大きな一つの職業群が消滅する。少なくとも、今後は大きく減っていく可能性は高いだろう。

だが、現在実用化している、もしくは実用化されようとしているＡＩの多くは、前節で述べたような基本的には単機能で、多くの場合はその仕事の担当者のさまざまな作業のごく一部にすぎないとも言える。

もちろん、職種によってその仕事を構成している作業が自動化されやすいか、されにくいかという違いはあるかもしれない。だが、作業の多くがＡＩに置き換えられやすいとしても、それらの道具を使うための人間は引き続き必要だ。すべての雇用を維持できるわけではないが、仕事そのものがなくなってしまうということはない。

どの仕事においても、必要なのは以下のような作業だ。

(1)（人の）管理業務、(2)自分の専門分野の技術を必要とする（本来の）仕事、(3)関係者とのコミュニケーション、(4)予期外の作業、(5)情報収集、(6)収集した情報の処理や加工、(7)予想可能な作業

（マッキンゼー・アンド・カンパニーのレポート「Where machines could replace humans – and where they can't (yet)」による分類）。

どの作業にどれだけの時間を割くのかは職種によっても変わるし、職場におけるポジションによっても異なる。時期的な要因もあるし、突発的な出来事が起こる場合もある。

同レポートではこれらの作業が自動化される可能性を算出している。

(1)9%、(2)18%、(3)20%、(4)25%、(5)64%、(6)69%、(7)78%

つまり、情報収集や調査、そして集めた情報の処理が一番自動化されやすいと考えられている。これは十分に納得いくものだ。筆者自身もそうだが、どのような仕事でも情報収集に時間を費やす人は多い。それは新たな情報の収集に限らず、すでに自分が過去に作成した情報を探すことも含まれる。

現在、多くの情報はデジタル化されており、パソコンやタブレット、スマートフォンなどの各種デジタルデバイスから簡単に検索可能だし、デジタルな形で収集できればさまざまなアプリケーション、それこそＡＩを組み込んだアプリケーションを使ったほうがより整理を効率的に行うことができる。逆に言うと、情報収集や情報処理だけの仕事であれば、そのうちの業務の6割から7割はなくなってしまうと考えられる。

しかし、「自分の仕事は調べものだけ」という人がどのくらいいるだろうか。多くの職種では、たとえば(2)の自分の本来の仕事をやるために情報を集めたり、それらを加工したりするはずだ。さらに、調査といってもネットだけですべての情報が集まるわけではない。人に会うなどの自動化できない作業で得られる一次情報も引き続き重要だ。

(7)の予想可能な作業には、日常的なペーパーワークなどがある。予想が可能で、定型的な作業は自動化に最も適しているし、本来業務を考えると、できればやりたくない作業の一つだ。ＡＩのサービスはこのあたりを削減してくれる可能性がある。

そして、最も自動化の確率が高い業務でも、やはり１００％が置き換わるわけではない。仕事における作業をどのくらい自動化できるのかは人によって差はあるが、案外、今のＡＩではあなたの仕事を完全に置き換えることは難しいだろう。

これから個人に求められる情報リテラシー

そうだとしても、あなたは否応なしにＡＩが活用されたソフトやサービスを仕事の道具として使わざるを得なくなる。毎年のようにさらに優れたサービスが出てきて、そのたびに新しいソフトやサービスに乗り換えることも普通になるだろう。常にそれらの情報をフォローして、必要に応じて新しい道具に入れ替えるという人間による判断が必要だ。

たとえば、最初は紙の伝票、紙の帳簿を使っていた会社の経理も、いつの間にか「弥生会計」などのソフトをインストールするのが主流になった。さらに、この数年で急速に「freee」や「MFクラウド会計」などクラウドベースのソフトに置き換わり、しかも経費精算から請求書発行、給与計算まで連動できるようになってきた。かつては手間暇と人手とコストをかけないとできなかったことが、たった1人でも、手間も時間もかけずにできるようになっている。

ただ、いくら道具が便利になってきたとはいえ、これらの道具を使いこなすにはリテラシーが必要だ。たとえば経理系のシステムであれば本来の経理に関する知識と同時に、最新の情報システムを扱うリテラシーも求められる。

ちょっと専門的になるが、クラウドの会計システムは、カードや銀行口座をはじめとするさまざまなシステムと連携が可能で、自動的に情報を取り込み、自動的に仕訳をしてシステムが適切と考える科目にお金を割り振っていく。たとえば、売上げや新聞図書費、交際費などだ。システムは学習してくれるのだが、学習させるためには人間がきちんと教え込まなければならない。

　ところが経理の知識がないと、その人はシステムが提案してきたものを正しいものと考えそのまま受け取ってしまう。そのようなことで、ちょっと困っているという話を知り合いの税理士から聞いたことがある。

　どんなに頭のいいＡＩのサービスでも、あなたの組織、あなたの仕事に対してそれが適切な答えを出しているのか、適切な提案をしているのかを判断するための人間担当者が必要で、そのためにはその分野の専門知識が必要だ。

　だから、システムを使いこなすリテラシーとともに、その分野の専門知識も引き続き求められる。何か問題があってもＡＩは責任をとってくれない。責任をとるのはあなたなのだ。根本的にここの部分が変わらない限り、ＡＩがあなたの仕事を直接的に奪うことにはならないだろう。

人間に求められるのは本質をとらえる力

　とはいえ、安心するのはまだ早い。繰り返すが、あなたがＡＩを上手に使いこなせるのかが問題だ。せっかくＡＩが素晴らしい提案をしてくれても、それを生かせなければ、やはりあなた自身が用済みになってしまう。どういうことだろうか。

ＡＩのサービスがあなたの望みどおりに情報収集し、それらの生データを上手に加工し、見やすいように提供してくれるかもしれない。場合によっては、その次の行動をアドバイスしてくれるだろう。採用関連のＡＩであれば、どの候補者がよさそうだとか、入社後の営業成績の予測をしてくれるかもしれないし、設計系のＡＩであれば、最適な部品の構造を提案してくれるかもしれない。ただ多くのＡＩでは、提案はしてくれるものの、その根拠までは示してくれない。実はこのことが現在、問題になっている。

どのような職種でも、末端の作業だけしかないとか完全自動化できる仕事ならともかく、レベルの高低はあっても何らかの判断を求められる。判断の重要さによっては、責任を厳しく問われることがある。結局のところ、ＡＩが提案してきたことについて判断をし、根拠をつけるという仕事が人間には残っているのだ。

つまり、「(1)ＡＩという道具を的確に使いこなす→(2)ＡＩに提案された内容を吟味する→(3)ビジネスの責任者や関係者に対して意味のある対応をする」ということができなければ、その人はそれができる別の誰かに取って代わられる可能性がある。

実のところ、あなたが仕事を失うのはＡＩそのものによってではなく、ＡＩを手下のように上手に使うことのできる誰かによってなのだ。

会社や経営者は、今のあなたより一段高い能力やスキル、結果を出すことを期待するようになる。作業はＡＩがやってくれるのだから。

変化するものとしないもの

商売における最優先課題は収益をあげることで、これはどんな時代にも変わらない。そして、これまで述べてきた通り、どの職種にも多様で複雑な業務を十分にこなす「強いＡＩ」が出てきそうもない以上、商売をやっていくうえでのプロセスも変わらない。

どのような商売（事業）をするのかを企画し、その商売の売り物である製品やサービスを作り上げ、買い手に知ってもらうように宣伝し、実際にその商品やサービスを買ってもらい、売上げを回収し、商品やサービスにかかったコストを支払う。

この商売全体を取り仕切る主体は人だ。いくらＡＩがマーケティングや製品設計をすることができても、その提案が有効であるかどうかを判断する必要がある。そうした時のためにも、やはり人間の部門責任者はこれまでどおりに必要とされるだろう（アウトソースする可能性もなくはないが、それは社内のリソースが社外に移動しただけだ）。

変化するものは、それ以下のレイヤーにおける手段だ。たとえば農業を考えてみれば、産業革命前の労働力の主体は人、あるいは牛や馬などの動物であった。それが機械化することによってお払い箱になってしまったようなものだ。

ただし、そのように手段が変化することで、手段を使う人が必要なスキルセットは変化する。牛馬を上手に使ったり育てたりするスキルはもはや求められないが、トラクターを使ったり、最近であればＩＴツールを使いこなしたりする能力が求められるのだ。

本当に「手段」という業務しかやってこなかった人にとって、確かにＡＩは脅威だろう。この場合は、どうにかしてさまざまな手段の上位にある、手段を使いこなすポジションに移動していくしかない。

生き残るために、結局何をすべきか

これからのＡＩ時代に生き残るにはどうすればいいのか。その答えは実はたくさんあり、決して1つではない。もし、あなたがコンピューターのプログラミングなどに抵抗がないのであれば、AIをはじめとしたコンピューター関連のエンジニアになることが考えられる。自動運転車はもちろん、さまざまな企業がAIに取り組もうとしているし、これからもベンチャーが出てくるだろう。

これからはAIの時代だといわれているのに、肝心のAI関連の開発ができるエンジニアが足りない。グーグルやフェイスブックなどの世界的な企業は、優秀なエンジニアがいるベンチャーをまるごと買収しているくらいだ。AI関連の開発はここ5年や10年で終わってしまうようなものではなく、むしろさらに加速していくと考える方が自然だ。

自分で何かビジネスを起こすことも考えられる。それこそAI関連のサービスを使えば、小資本でもビジネスは起こしやすくなっている。

だが、この2つを選択肢にしない人のほうが圧倒的に多いだろう。全員がAIのエンジニアや起業家になるわけでもなく、さまざまな分野、職種で雇用され続けていくことになる。そのような場合、どんな対策が考えられるだろうか。

どこから考えたらいいかわからないのであれば、筆者が提案したいのは、まず自分の職務のそもそもの目的は何かということを考え、そのうえで自分の日常のタスクを細かく切り出していくことだ。1日か2日、自分の行動を細かく追っていけば、個別のタスクが見えてくるはずだ。

ここでは、それが本質的な作業なのか、無駄な作業なのかは問わない。ここで考えるべきなのは、その作業は本当に人間がやらなければならないのか、それとも既存のソフトやウェブサービス、AIなどのサービスで置き換えられないのかを探ってみよう。自分の仕事の多くがそのようなものであれば、確かに問題かもしれない。

そして、自分がその会社のビジネスに対して明確に付加価値をつけられているかどうかが大切だ。メッセンジャーボーイのような仕事しかしていないのであれば、確かに会社はあなたをAIに置き換えることに躊躇《ちゅうちょ》しないだろう。

さらに、自分がその分野のプロとして持っていなければならない本質的な価値を把握し、そのうえで、これから求められるAIなどを有効に使いこなすスキルについて、よく理解しておく必要がある。フィンテック[※1]やHR Tech[※2]などの言葉があるように、これからはさまざまな分野で「○○tech」という、分野別のITを活用したサービスが登場してくるだろう。

これらの進化は速く、まだ使えないと思っていたものが次の年には十分に実用的になっ

※1　フィンテック（Fintech）　ファイナンス（finance）とテクノロジー（technology）を掛け合わせた造語。AIなどのテクノロジーを利用した金融サービスのこと

ている。少しメジャーな分野になると、一年中どこかでセミナーや講演会が行われているし、流行りだした瞬間に専門のウェブメディアも立ち上がる。あっという間に、追いかけるのが難しいほどの情報があふれるくらいだ。勉強熱心な人は常に最新情報をおさえている一方で、不勉強な人はどんどん情報から遅れていき、大きなギャップができてしまう。

漠然とAIに仕事がとられてしまうと心配するよりは、AIと自分の職種に関連する勉強を進めて、どのように活用していくのかを考えることだ。そして、裏でAIが活用されているいないにかかわらず、便利なサービスなどが存在しているのであれば、それらを活用することが「AIを道具にして生き残る」ことの第一歩になるだろう。

AIの進歩でミッション・クリティカルなものが明確になる

AIをはじめとする人間をもっと便利にするソフトウエアは、ようやく「自分たちにとって最も重要で必要不可欠なもの（ミッション・クリティカルなもの）」にフォーカスする機会を与えてくれる。それは個人にとっても会社にとっても同様だ。

どのようなビジネスでも会社の一番の核となる価値に集中することが大切で、必ずしも

※2　HR Tech　「Human Resource」×「Technology」の造語。AIなどの最先端技術で採用、育成、評価などの人事に関する業務を行う

自分でやる必要がなければ外部に任せるケースも珍しくない。いわゆるアウトソーシングをするパターンだ。部門の仕事をまるごと任せてしまうレベルから、一部の業務については外部のウェブサービスを使うなど、レベルはさまざまある。

その場合コストはかかるし、その業務についての知識が社内に残らないというデメリットはあるが、そのことを差し引いてもトータルでの利益がより上がり、ビジネスの継続性につながると判断されれば、アウトソーシングをするという選択になる。

今後は、アウトソースする先がＡＩに代わってくるわけだ。ＡＩに任せられる仕事は、現在のところ人間に任せられるものより少ない。人海戦術で大量の情報を処理するもの、人間の思い込みから離れたアドバイスが可能なものなどだ。実務作業そのものを全部丸投げすることはまだ難しい。

効果的にＡＩを使うには、自分の仕事における作業やタスクをできる限りブレークダウン（分割）することが重要だ。それによって、「自分の価値が出せるがＡＩではできないタスク」、逆に「ＡＩに任せたほうがはるかに効率のよいタスク」がわかる。

それによって、自分のミッションにとって必要不可欠なことが見えてくる。そこに自分自身のエネルギーを集中し、それ以外はＡＩなどのＩＴツールに任せる。自分は付加価値を生むことに注力するべきだろう。

二極化する雇用

これからの日本では労働人口の減少で労働力不足に陥るという予測がある一方で、AI化やロボット化の進展でこの傾向が逆転し、2020年代後半にはまた人余りになるという予測もある。したがって、AIが直接仕事を奪わないとしても楽観はできない。

もっとも、全産業分野でこうした動きが同時進行するわけでもなさそうだ。介護サービスや飲食店関連、商品の販売や営業職などの分野では、求人倍率は比較的高いまま推移すると予想されている。自動運転車の実現が近くなっている今でも、自動車の職業ドライバーは不足しており、求人が減るような見通しはない。

確かに、自動運転車が現実のものになったとしても、まだ肝心のインフラや法律が整うにはまだ時間がかかりそうだし、当初はコストも高くつくことが予想される。誰もが、あるいはどの事業者でも導入できるようになるのは少し先のことになるだろう。

その一方で、機械の組み立てや会計事務、一般事務の求人倍率は下がり続けることが予想されている。それは、今のロボットやソフトウエア、アプリなどの発展を見ていれば不思議はない。ただ、その分野の仕事がまるごとなくなるとは筆者は思っていない（そのことは後の章でもまた触れる）。

ＡＩの導入に成功できた企業は、業界のリーダーとしてさらに自社の価値を高めていくだろう。個人レベルでも、その職業のプロとして、ＡＩをはじめとした先端テクノロジーを常に使いこなす人材となれば、そのような人物が仕事に困るということは考えにくい。ＩＴツールの使いこなしにはリテラシーが必要だからだ。少なくとも当面の間は、ビジネスの主役は人間なのだ。

機械にせよＩＴにせよ、どんなに素晴らしいものでも究極的に面倒を見て責任を負うのは人間だ。現在のＩＴツールは、人間がその使い方を習得してはじめて真価を発揮するものだ。そうなると、ＩＴ化、ＡＩ化の進行は、求められる人と求められない人の分断を生む可能性もある。個人としてできるのは、時代に合わせたスキルや知識を身につけて、成果を出すのを目指すことだ。

それが「自分が人間であるメリット」を生かすことにつながっていく。

第3章

職業分野別、AI時代の生き残り方のヒント

本章では、それぞれの職業分野別に現在進行しているＡＩを活用した取り組みを見ながら、その延長線上にどのようなことが必要なのかを想定し、生き残って活躍するにはどうすればいいのか考えていきたい。もっとも、ＡＩをはじめとするＩＴの進歩は非常に速く、20年後はおろか2年後でも状況が変わっていて、2年後に読み返してみるとすでに的外れになっているかもしれない。

その一方、技術の進歩のスピードほどには、私たちの仕事のやり方、あり方がすぐに変わるのかというとそれは疑問だ。何か破壊的なことが起きない限り、人間の行動はよくも悪くも漸進的にしか変わらない。ほとんどの技術はまず進歩的な一部の企業やベンチャーが取り入れ、その技術に効果があることが徐々にわかってくると、多くの企業にとって導入への心理的ハードルやコストが下がる。するとキャズム※を越えて多くの会社に広がり、そこで多くの職業のあり方が変化していく。このように考えたほうが自然だろう。

もっとも、テクノロジーの導入が遅れたために会社の競争力が落ちて会社が倒産したとか、海外の企業との競争に負けたなどのことで仕事がなくなることも当然ありうる。実は従業員たる個人が心配しなければならないのは、こちらのほうだと思うが、それは会社と個人の関係にもなってくるので、次章にゆずりたい。

※　キャズム　イノベーター理論では、消費者を「革新者」「初期採用者」「前期追随者」「後期追随者」「遅滞者」の5種類に分類している。この場合、初期採用者と前期追随者の間にある深い溝のこと

本章で示す職業の分類は、あくまで筆者の考えによるものだ。その分野のプロからすれば違和感があるかもしれないが、あくまで一例として参考程度に考えていただきたい。

オックスフォード大学のオズボーン准教授による論文の発表以来、語り尽くされている感もあるが、AIは日々進化しているため、AIにとって代わられる機能や作業は、さらに増えていくことが予想される。

それを可視化するために、AIを活用した新サービスとして、どのようなものが提供され始めているのかを見ていくことにする。筆者は仕事柄、工業系の専門紙を会社で購読しているが、この1年くらいはほぼ毎日、記事のタイトルもしくは本文に「AI」の文字があるる複数の記事が見つかる。こうしたAIによるさまざまなサービスは、技術の発達ではじめて提供可能になったのかもしれないし、従来は人間が行っていたものをAIが肩代わりするようになったのかもしれない。

自分の職業はAIでもできる作業が多いのか少ないのか、またこれからどの作業がなくなっていくのか、判断するヒントにはなるだろう。

分野別の処方箋

それでは、各分野の状況を個別に見ていこう。なお、今回扱っている分野は比較的限られたものになっている。というのも、単にAIを活用するだけではなく、ロボットなどの物理的なテクノロジーの発達も考慮しなくてはならないものは、5年はおろか10年、20年でも実現性について筆者としては疑問を持つからだ。そうしたものは外している。

たとえば、20年くらいで警察官がロボコップに、消防士がロボット消防士、あるいはロボット美容師などになるかどうかは、技術的観点からも、また人間がそれを受け入れるのかという心理的な観点からも、いま検証してもあまり意味がないのではないか。

スポーツや芸術の分野も同様だ。ロボットのオーケストラが余興以上のことを行うようになる、またはロボット同士がテニスをプレーするなどは現実的ではないと思うし、仮に将来できるようになったとしても人間の競技とは別枠になるだろう。将棋や囲碁にしても、人間の競技はあくまでも人間の競技として観戦され続けるのではないだろうか。

また、なくなる仕事のベースとして使われるオズボーン准教授の論文などで紹介されている職業のリストは、担当する職務が細かく分かれているアメリカなどの職業の分類をべースにしている。日本の会社では、かなり専門性の高い職種以外は営業や経理、総務などという大きなくくりでさまざまな仕事をしている人も多いと思う。

そこで、前半は医療従事者など特定の分野について語り、後半は営業や総務などの極めて汎用的な職務に分類している。これは前半がある種の技術職や専門職、後半を比較的どのような業務でも汎用的に働ける職種として分類していると理解していただきたい。

そのうえで、技術職は医療、製造などの分野別に、汎用的な職務は会社の中でのロールで分けてみた。技術職にしても他の職務にしても、すべての分野をカバーすることはできないので、あくまでも代表的なものに限っていることをご了承いただきたい（「自分の職はカバーされていない」という場合、第5章を参照のこと）。

医療従事者――患者ニーズを満たすためにもＡＩの活用が求められる

医療従事者の仕事は国家資格を持つ必要があるものがほとんどだ。当然ながら、国家資格は人間が持つことが大前提である。それだけで、ヒューマンプレミアム（人間がやることの価値）がある仕事だといえる。

国家資格が必要だということは、それだけの知識やスキルをその職務をこなすうえで求められるということだ。国家資格が必要な医療従事者には医師、歯科医師、薬剤師、看護師、助産師、管理栄養士、社会福祉士、精神保健福祉士、臨床検査技師、診療放射線技師、臨床工学技士、歯科衛生士、理学療法士、作業療法士、義肢装具士、歯科技工士、救急救命士、言語聴覚士、視能訓練士など挙げればきりがない。ここでは、日常的に接することの多い医師や看護師、診療放射線技師などについて考えてみたい。

どの医療関係者の仕事も作業は多岐にわたる

まず、一般の人に身近な臨床医を考える。臨床医でもたとえば大病院の勤務医であれば、毎朝のカンファレンス（症状検討会）から始まって回診、入院患者や外来患者の診察、医局での事務仕事、診断書の作成などを行う。そして検査結果を確認して治療方針を決め、患者本人や家族に対する治療方針の説明、手術、看護師をはじめとするスタッフに対する指示など、その作業は多岐にわたる。

看護師であれば、患者の血圧、体温測定や注射、点滴、採血などの治療補助業務、入院患者の食事など身の回りの補助、患者の様子の記録をはじめとする事務作業などだ。1日の終わりには、引き継ぎのために患者の記録をつけたり、申し送りをするなど、非常に多くの仕事をこなす。手術を行う病院であれば医師の補助をする看護師もいる。医師や看護師の作業は多岐にわたり、頭脳だけでなく肉体を使うことも多い。

診療放射線技師のような専門職であれば、「作業」がやや狭くなるため状況は少し変わる。大きく分けて、仕事は撮影に関するものと治療に関するものだ。通常のレントゲン撮影などの他に、最近ではCTやMRIなどの機器による撮影も一般的だ。もちろんレントゲンなどの撮影でも、いかに医師が判断しやすい画像を撮影するかということに注力している。現在、これは撮影技師の腕にかかっている。病巣などの状態は個々の患者で変わってくるし、撮影の際の姿勢も細かく見ながら調整する必要があるだろう。

私たちにとって一般的な、健康診断における胃のレントゲンなどは機械的に撮影しているように見えるかもしれないが、体を微妙な角度に向けるよう指示するなど、受診者とのコミュニケーションも求められる。

治療面では、ガンの放射線治療などで適切にガン細胞を破壊させる腕が求められる。医師や看護師に比べると作業の範囲は限定的だが、毎回異なる患者との微妙なコミュニケーションなど非定型な作業もある。

このようにさまざまな作業から構成される医療関係の業務だが、実際に開発されているＡＩ関係のサービスやアプリにはどのようなものがあるだろうか。
いくつかの事例を拾ってみてみよう。

「医療ＡＩ推進　厚労省　データ管理で基盤」（２０１７年８月９日　日刊工業新聞）
「希少がん　ＡＩで判別」（２０１７年８月９日　日刊工業新聞）
「ＡＩで大腸がん見つけるシステム、国立がんセンターとＮＥＣが開発」（２０１７年７月10日　アイティメディア）

ＡＩの話題が継続的にある業界の一つが医療だ。その活用には日々の健康維持といった予防医学もあるが、最も特徴的なのがガンの診断である。ひと口にガンといっても、比較的診断がしやすいものと逆に判断が難しいものがある。

さらに、医師の世界も専門分野がかなりはっきりしていて、自分の専門分野であれば的確に診断できるが、少し外れると誤診をしても不思議はない。特に進行の速いガンの場合、やっと正しい診断や治療方針がはっきりした時にはすでに手遅れという可能性もある。それこそ、医者選びも寿命のうちだ。

すでに、IBMのワトソンを活用したガンの診断はよく知られている。また、先に挙げた記事にあるように、国立がん研究センターが民間企業と組んで積極的にAIによる診断の仕組みづくりに取り組んでいる。このようなシステムが実現すれば、診断までの速さと正確さが圧倒的に向上する。たとえば、「希少がん」を病理診断する専門医は日本国内で約2400人にとどまり、診断に1週間かかる。また、希少がんとなると判別そのものが難しいため、希少なガンであるほど患者が難しい状況に陥る可能性が高い。しかし、そのようなケースでもAIを活用したシステムなら数分で診断することが可能だ。このシステムは、2019年の実用化を目指している。

現在、世界中でCTやMRIによって患者の画像情報がデジタル化されており、多角的に活用されている。たとえばこれらの断層写真から3Dデータを作成し、3Dプリンターで患者の臓器の立体モデルを作成して研究や手術に役立てられている。

そして、こうしたデータはAIの学習のための材料になる。「ディープラーニング」という技術を使えば、人間が条件を与えなくてもコンピューター自身が重要な条件などを見つけ出し、自律的に学習することが可能だ。一つの病気についてのデジタル情報が大量に生み出されている現在、ＡＩにとってとても恵まれた環境にある。

さらに、さまざまな病気に対する先端的な研究論文は最初からデジタル情報で作成されている。人間の医者や研究者が一日に読むことのできる論文は限られているが、ＡＩなら膨大な論文の情報を判断材料にできる。的確な診断を下せる可能性は、人間よりＡＩのほうが高いと言えるだろう。

医療サービスや取り組みには日々新しいものが出てきている。特にガンなど精度の高い判断が迅速に求められる分野や、データを元にした予防医学の確立のための個人へのアドバイスなど、医師の作業のごく一部を補助するためのものだ。このことはむしろ、医師にとっては追い風となる。

AIの活用はむしろ雇用につながる

ＮＴＴデータが海外展開予定のＩＣＵ（集中治療室）のオペ支援システムは、ＡＩによる予測モデルを活用して患者の合併症を予測し、リスクや診断に必要な情報を医師や看護師に提供する。

医療関係のＡＩのニュースには、このような診断技術の向上を目指す研究や実用化を目指す開発が目立つ。そこから見えてくるAIの活用は、今までの医療関係者のスキルの差を埋めるもの、あるいは圧倒的にマンパワーが足りない状況を解決し、診断の正確さとスピードの向上にフォーカスしようとするものがほとんどだ。専門職種の医療関係者の仕事を総合的に楽にするようなAIの開発の優先順位はまだ相対的には高くないようだ。

医療の中心はあくまでも人間であり、医師や看護師、その他の医療スタッフを置き換えるようなものではない。

市場調査会社の富士経済が発表した、医療分野におけるIoT（モノのインターネット）関連機器・システムとAI関連の国内市場について調査した報告書によれば、2025年における医療関連のAI市場の大きさは、2016年比4・1倍の150億円程度と予測している。2025年度の医療関連のIoT市場が1685億円と予測されているのには及ばないものの、AIは独立した存在ではなくネットワークを介してさまざまな機器とつながることを考えると、関連市場を考えれば今後の大きな発展が見込まれる。厚生労働省は健康分野や医療分野で収集したビッグデータを管理するプラットフォームづくりを推進するようで、これによって予防医療や遠隔医療に活用するための人工知能の開発を促進する考えのようだ。

その開発に慎重さが求められる医療分野の場合、進歩の速さはＩＴの開発スピードだけではかれない。さらに医師の作業を置き換える研究や開発が進んだとしても、５年や10年で大半の作業が置き換わるとは考えにくい。医療分野でＡＩが発展することは、むしろ雇用を生み出すことにつながるとも考えられるだろう。

また、マーケティングリサーチキャンプによると、調査対象のうちすべての医師の仕事がＡＩなどに置き換わってほしいと考える人は３・５％にとどまる一方、48・８％の人は置き換わってほしくないと考えているという。

一部は置き換わってほしいと考える人は31・２％。ということは、完全に機械に診断してほしいと患者が考えない限り、少なくとも今後20年か30年は患者を無視して病院の機械化が進むことはないだろう。

ただし、医師や看護師が今のままでいいということにはならない。医療の分野で使用される機器は進歩が激しいし、ＡＩの活用を広げていこうという動きは今後も活発になる。そのため、新たなテクノロジーを素早く取り入れて使いこなす医療関係者とそうでない医療関係者の差は大きくなり、二極化するかもしれない。人間本来の力に加えて、ＡＩを使いこなす能力が医師やその他の医療従事者のスキルと考えられるようになるのだ。

もし、その違いが診断や予後の差として出てくるならなおさらだ。ＡＩの差が結果的に自分の診療結果、場合によっては命にかかわる可能性があるとなれば、ＡＩを活用できる医療機関に患者が集まる可能性もある。予防医学も含めて、ＡＩの使いこなしが競争力ということだ。

ＡＩはある医療関係者には素晴らしい味方になり、別の医療関係者にはＡＩが仕事を奪うという結果になるだろう。

今後裾野が広がる可能性のある医療とAI、関連するITの動向に注意を払い、自分の医療分野での活用を意識しよう。

教育従事者――「教育者」としての仕事の内容の変化に備えよう

教育もＡＩなどのＩＴツールの活用が積極的に模索されている分野だ。生徒たちの学習プロセスをサポートするシステムが登場し、さらには、子供の教育に直接タッチする「ＡＩ先生」も登場し始めている。人間とＡＩのどちらが優れた教師なのかということを問う記事も登場しはじめている。２０２０年のプログラミング教育必修化が小学校の先生たちの心配のタネかもしれないが、同時進行で教育現場のＩＴ化も進んでいる。

筆者の子供が通う学校でも、一人ひとりにｉＰａｄが渡され、また「Classi」という学習支援システムも導入され、学校と保護者の連絡にも活用されている。そのような環境で、教育に従事する人たちの仕事の内容は変わってしまうのだろうか。

教育といっても、小学校から高校までの教師なのか、大学の教授や講師なのか、あるいは学習塾の教師なのかで、やっていることは違う。教師という職業がこれからもあり続けるのかを議論をする前に、学校の教師の仕事について、その具体的な中身や役割を考える必要がある。

特に学校の先生の場合、その仕事は「勉強を教える」ということだけではない。昨今、部活顧問やその他の付帯業務、保護者への対応で土日もないほど忙しい教師も珍しくない。一方、塾の教師であれば生徒の学力を高める責任は負っているが、生活指導の責任まではない。教えることだけの専門職だ。大学の先生も、専任の先生であれば教育以外に大学運営の職務も発生してくるが、外部からの兼任（非常勤）講師のペーパーワークといえば学生の成績をつけるくらいだ（筆者も大学の非常勤講師をやっている）。それらすべてを「教育の仕事」としてまとめて考えるのは少々乱暴だろう。

ではそのような中で、AIはどのような形で展開し始められているのだろうか。正直なところ、根本的に教育を変えてしまいそうなAIのソリューションの情報はまだない、というのが筆者の見解だ。AIによって教育現場はどのように変わっていくべきか、教師の立場はどのようになるのかを論ずる情報はあっても、現実の状況をふまえて詳しく論ずるような状況にはなっていないようだ。

実際のところまだまだベンチャー企業の取り組みも含めて、ようやく実験的な取り組みが始まった程度にすぎないように見受けられる。

「ロボットやAIを利用した教育ソリューションも登場——教育ITソリューションEXPO」（2017年7月5日　ITPro）

「英語学習にAI・ロボ　間違っても恥ずかしくない　ネーティブ級で教員負担も軽く」（2017年8月14日　日本経済新聞）

小型ロボで対話というのは、いわゆるAIが先生になるパターンだ。アメリカの「Musio

（ミュージオ）」というロボットを使った英語教育では、実際に生徒がロボットに話しかける。生徒個人の顔と声紋を認識していて、一人ひとりに異なる反応をする。単に会話をするだけでなく、冗談を言ったり笑ったりもする。人間の先生同様に会話内容も記録され、生徒・学生自身が自分の学習を振り返ることができる。

学校からすると、ＡＩに任せられることはＡＩに任せることで教員の負担軽減になるし、ネイティブの先生の代わりにもなる。学生自身も、ロボット相手なら間違うことに恥ずかしさを感じない。神戸学院大学では、実験的にMusioを導入しているほか、東京都府中市の明星中学校では英語の授業の一部に導入しており、授業で学んだ英語をMusioとの会話で実践するという形で使っているようだ。

このようなソフトはMusioだけではない。東京都品川区の品川女子学院では、高校生に対してＡＩを活用した英会話アプリの「テラトーク」を導入している。

ＡＩのもう一つの活用方法は、生徒・学生一人ひとりの学習の進捗を個別に記録し、カリキュラムに役立てることだ。スタディサプリやClassi（クラッシー）などの学習支援クラウドサービスは、問題の正誤率をＡＩで分析し、明らかになった苦手な部分を復習させ、生徒の学習指導の個別化に役立てている。

また、教育自体が変わることも想定している。確かに、今の教育は昭和の大量生産の時代、みんなが同じ目的に向かって働く時代の教育と根っこの部分で変わっていないと筆者も考える。教育の形も産業の変化に合わせて変わっていくことが必要だろう。これからの産業を生きていく人間に必要なことは何か、それを考え実践していくのが教職に求められることかもしれない。

せっかくAIを導入するのであれば、単に先生を置き換えるのではなく、まさにこれからのAIが当たり前になってくる時代に合わせた教育を考えることが重要だ。

公的な教育機関では先生が何か思っても勝手に何かできるわけではないが、小さな取り組みでも個人的に始めたり、世の中のさまざまなネットやアプリを活用した最新の学習スタイルを自ら体験してみたりすることが、これからの先生像につながっていくだろう。

角川ドワンゴ学園が運営するN高等学校（沖縄県うるま市）の説明会で印象に残った話がある。今までの学校では教師が一人ひとりの生徒に向き合う時間は、仮にその気があっても非常に限られていた。N高等学校の特に通学コースでは、より密度の濃い教師と生徒のコミュニケーションを目指している。同学園では高校卒業に必要な授業はネットの教育部分で完結し、通学コースでは、大部分の時間をアドバンストプログラムというプログラミングや国際教育などさまざまなものにあてているほかに、教員との時間もしっかりとっている。

ここでポイントなのは、知識・情報という部分はもうネットの授業でも十分にできることだ。特に最近のネットの授業は一方通行ではない。筆者もライブでネットの授業を体験したが、十分にリアルタイムでインタラクティブなコミュニケーションも成立しつつある。

AIがさらに進化すれば、教師は人間でなければできない授業を行う。それとともに、生徒が本当に思考し、自ら学ぶべきことを見出し、自分なりに価値を見出していく、その手助けをすることに教師はフォーカスしていかなければならないだろう。

そういう意味では、「知識を伝える」から「情報をどう引き出し、そこからどう価値を生み出すのか」ということをファシリテート（促進）できるようになるのかが、これからの教師の課題だろう。筆者自身、大学でも学生を教える身なので、このように考えつつある。

知識を伝える仕事はAIで問題なく行える時代がくるだろう。むしろ、AIとの向き合い方や学んだ知識をどう生かすかを考え、さらに生徒一人ひとりと向き合って、彼らの将来を形作るコーチ、メンターとしての能力を磨いていくべきだろう。

自動車の運転手——自動化の急先鋒。自分でできることは少ない

自動運転車の分野は、AI絡みでは最もホットな分野の一つだ。他の職業の分野と違い、「運転する」という運転手のミッションが他の職種と比較して非常にわかりやすいし、何より自動運転車が実現した時のメリットも大きい。だからこそ、現在、運転を自分の職業にしている人たちの懸念も大きいのだ。

運転するという行為をプロセス化すると、運転席に座った後にエンジンをかける。自動車の走行に必要な各種指標を確認する。エンジンの回転を確認する。駐車場から出るためにギアを切り替えて、バックするなり、前に走り出すなりするが、エンジンをふかし、ハンドルをきって目的の方向に、適切なスピードで走行する。もちろん、障害物にぶつからないように、周囲から情報を得ながら操作する。走行中に信号なりがあれば減速、停止する。あるいは走行中に前の車と近くなりすぎれば減速する。

言い換えると、走るという行為は、「加速、操舵、制動」だ。これらを制御する技術は

すでに存在する。もう一つは走行に必要な「情報の収集」と車の制御系へのフィードバックだが、これがこれまでは難しかった。つまり、目や耳に相当する、あるいはそれ以上となる機能を実現し、そこから得た情報を遅滞なく処理し、制御系にフィードバックする。少なくとも運転に必要なフィードバックができなければ、自動運転は実現しない。

自動車の走行にあたっては、どんなスピードで走れば安全か（止まれるか）、そのスピードでカーブはちゃんと曲がれるかなどなど、物理的に計算することができる。それに安全率のようなものを考えればいい。

何が言いたいのかというと、目的地に安全に着くように自動車を制御する機能は、その後に人間の判断を必ずしも必要としない。数字で表せるものが多く、あいまいなものが少ないのだ。そのことをふまえて最近のニュースを見てみよう。

「ホンダ、2025年めどに完全自動運転の技術確立目指す」（2017年6月8日　朝日新聞）

「独アウディ、世界初の自動運転機能「アウディ AI トラフィックジャムパイロット」採用の新型「A8」公開」（2017年7月11日　Car Watch）

自動運転に関する情報も日々アップデートされるが、ここでは2つほど最近の動きをピックアップした。他にも自動運転車のニュースはさまざまあるが、自動運転がどのレベルに達しているか、それらをいつ実現するのかというのが主なニュースだ。別の言い方をすると、いつ運転手が技術的にいらなくなるのかということへの関心が高い。業界としては、「自動運転」の実現に向けてすでに大きく動いているのだ。

自動運転車については、アメリカのSAE（自動車技術者協会）が、自動化の度合いを「レベル0」から「レベル5」までの6段階で定義している。

レベル0——加速、操舵《そうだ》、制動といった運転に必要な操作をすべて人間が行う

レベル1——自動ブレーキなどに代表されるように、加速、操舵、制動という運転手が行う操作のどれかをコンピューターが支援してくれる。アクティブクルーズコントロールや駐車場の車庫入れ支援などもこのレベル

レベル2——加速、操舵、制動の操作のうち複数のものをコンピューターが肩代わりする。具体的にはハンドル操作と加速・減速という車の基本的な操作を自動化してくれる。準自動運転あるいは部分的な自動運転ともいわれる。日産自動車のプロパイロットなどがこの

レベルのものとして知られている。ただし、運転手が継続的にハンドルなどから手を放すことはできないし、周囲の環境の変化には人間の運転手が対応する必要がある。いわゆる自動運転なのかということと意見が分かれるところだ

レベル3——レベル2でできることに、周囲の環境を把握する能力、つまり人間の目にあたる機能が入ってくる。ここではじめて人間の運転手と近いことができるようになる。ただし、突発的なことなど自動運転のシステムが対応できない事態が起こった時には、人間が即座に取って代わる必要がある条件付きの自動運転だ

レベル4——能力的には「レベル3」の延長線上にあると言っていいが、もはや人間がバックアップする必要のない高度な自動運転のレベルを持つ車と言っていい。人間の運転手が対応できるような環境下では問題のないレベルだ。現状では、自動運転はここまでのレベルで語られることが多い

レベル5——完全な自動運転で、ここまでくると人間の運転レベルを超えた車といえる。事故回避能力も含めて人間より優れている

最初に紹介した2つのニュースからも、徐々にではあるが自動運転は具体化されてきて

いる。ただし、その技術についてはまだブラッシュアップが必要だ。特にレベル4以上になるためには、周囲の環境も誤認することなく対応する必要があるが、悪天候など人間にとって難しい条件はAIにとっても難しい。現在はまだ、こんな事例もある。

「標識ハック」が自動運転AIに混乱をもたらす研究結果。見た目のわずかな差がまったく違う意味に
(Engadget 日本語版)

米ワシントン大学やミシガン大学の研究によると、自動運転車は交通標識に少し手を加えるだけで標識を誤認してしまうというものだ。もちろん、こうした問題は解決されていくだろうが、交通標識の誤認は事故にもつながる可能性もあり、レベル4の自動運転車が実際に展開されるまでには、このようなさまざまな問題を解決しておく必要がある。

全体の完成度を考えれば、運転のアシストというレベルはすでに超え、運転手そのものに取って代わろうというのが自動車のまわりのAIだ。

過酷な労働環境にあるトラック輸送の現場では今後の人員不足が懸念されているが、自

77 ｜ 第3章 職業分野別、AI時代の生き残り方のヒント

動運転の実現や課題を検討する警察庁の委員会では、トラックが隊列で高速道路を走行するための実験をこれから始めるという報道もあった。

雇用に与える影響について考えてみると、日本で直接的に自動車の運転を業務にしている人は、国土交通省のデータによれば、トラック約180万人、バス約8万5000人、タクシー約36万人の合計約224万人だ。日本の現在の労働人口は約6500万人なので、約3・5%だ。もちろんこれは運転手そのものの数だから、その事業を後方で支援している人を含めればもう少し増える。運送事業自体は自動車だけでなく電車や航空機など他の形態もあるので、完全に自動化された時のインパクトは大きい。

その意味で潜在的な脅威は高いが、完全に運転手の職がなくなるまでには、法律の問題や自動車が走る環境の問題をはじめ、解決すべき課題は多い。20年後には環境が大きく変わっているかもしれないが、5年や10年ではそう極端な変化はないだろう。

日本に限定して考えれば、今後人口減少にともなう労働力不足は明らかで、すでにトラック輸送にかかわる人員不足はかなり顕在化している。ドライバーは高齢化し、労働環境の悪化も伝えられる。その意味では、業界全体としてみれば、人間のドライバーと補完的な関係になることも考えられるだろう。

完全な運転手の置き換えにはまだ時間がかかる

自動車関連の別の技術の導入について考えてみればそれがわかる。現在ガソリン車からハイブリッド車を経て、電気自動車という動きも進行中だが、まだまだガソリン車が圧倒的だ。ハイブリッド車も当たり前の存在になってきたとはいえ、今でもやはりガソリン車の普及車のほうが価格メリットはある。

自動運転車の場合にも同様の状況になるだろう。工業製品の常として、生産量が少なければ単価は高く、多ければ単価は安い。事業用車として普及する場合にも、ある程度価格が下がらなければ利益が出ない（補助金などを出して普及させる手はあるかもしれないが）。レベル4の自動運転車が技術的に十分実用的になったとしても、その普及にはさらに5年、10年かかることも考えられる。

そうなると、その前にレベル3の自動運転車が普及するかもしれない。レベル3であれば、少なくとも自動運転を監視、制御するための運転手は乗っていなくてはならない。その仕事はほとんど、自動運転車の様子を眺めているだけという、旅客機のパイロットと同様の職務になるだろう。その場合には、少なくとも第二種運転免許を持ったドライバーの雇用は維持されるかもしれない。

また、たとえば観光地で観光ガイドのような役割をはたす運転手や、ワイルドな場所でジープツアーをやるみたいな仕事は、人間のガイド兼ドライバーのほうがいいかもしれない。

しかし、極めて限定的な仕事ではある。5年や10年ではすぐに状況は変わらないかもしれないが、自動運転車の実用化への舵がきられたら、着実に人間のドライバーが置き換えられる方向に加速していくことが考えられる。長期的に考えたら、多くの人材は他の職種を目指したほうがよいのかもしれない。


5年、ひょっとしたら10年程度では極端な変化は起きないかもしれない。しかし、業界そして行政も自動運転車に舵をきり、技術的にも実現しつつある現場を考えると、もはやAIを利用して自分のスキルを上げるという段階は過ぎているように見える。長期的には別の職業を目指すほうがよさそうだ。

エンジニア――責任がとれる本当のスキル×最新ツールの使いこなし

エンジニアといっても、人によってイメージが異なる。ハードウエアに携わる人とソフトウエアに携わる人でやることは違うが、みんなエンジニアだ。ここでは、筆者になじみが深いハードウエアのほうを考えるが、エンジニアとしてのあり方はどの分野でも変わらないはずだ。

エンジニアの仕事はクリエイティブだと思われがちだが、誤解を恐れずに言えば、いつもそればかりが求められているわけではない。設計部門にせよ生産部門にせよ、得意なのはどちらかというと改革ではなくて改善ではないか。もちろん、新しい革新的な素材を開発したとか、今までになかった機構をつくったなどの話がないわけではない。コストダウンのためにも、何か新しいことを考えなくてはいけない。

しかし、製品という観点で見れば、革新的なことを思いつくのは、どちらかというと経営や商品企画だったりする。たとえば、今や世界のどこに行ってもみんな持っているスマホの原点はｉＰｈｏｎｅだが、それはもともとスティーブ・ジョブズが推し進めていた。

もっとも、技術的な面で言えばすでに存在していた技術だが、間違いなくスマートフォンは私たちの生活や仕事のやり方をドラスティックに変えたゲームチェンジャーだ。

しかし、多くの技術者の仕事は革新性を追求することではない。どちらかというと枯れた技術を使って確実に、安く、軽く、その製品を機能させることだ。製品にもよるが、自動車や飛行機など人の命がダイレクトにかかわるものは、まず安全性が担保されての革新性だ。こと売り物の製品開発となると、保守的な世界なのではないかと筆者は思う。

それをふまえたうえで製品開発にかかわる職種の作業を考えてみるが、とてもひと口には語れない。工業デザイナー、機械設計者、電気設計者、ソフトウエアエンジニア、購買担当者、生産技術者、工場現場の作業者、品質管理担当者など多数の人がいるが、まずは設計者の仕事を考えてみたい。

設計者の仕事は、そもそも図面をひいたり、3DCADのデータをつくったり、切削加工機械のプログラムを書いたりすることだけではない。それぞれの業務において、製品の必要とする機能や性能を実現するためには、どうすればよいかを考えなければならない。

しかし、機能や性能が実現できれば何でもやっていいわけではない。目指すコストや製品の重量などのさまざまな条件をクリアしつつ製品を設計する必要がある。製品は機械だけではできないので、機械、電気、ソフトをはじめとするさまざまな分野の担当者や関係会社のとのコミュニケーションも重要だ。

また、昨今はどの製品においても、納期短縮や大幅なコスト削減が求められる。そこでは、確かに技術的な革新性が求められることもある。

つまり、機能を大きく分けると、「専門知識を駆使しての設計作業（図面作成、3Dデータ作成など）」、「設計にかかわるさまざまな情報の検索」、「過去の図面の検索」、「さまざまな関係者とのコミュニケーション」、「試作、製造などの立ち会い」、さらには設計の作業中にコンセプトなどの確認のために自ら3Dプリンターで試作そのものをやる、などということも珍しくない。もちろん、設計に付随するさまざまな文書の作成、プレゼンテーションなど、ひとりで全部やることはなくても少なからず作業が発生する。つまるところ、図面や3Dモデルを作成するのが主要な業務だとしても、そこに至るまで、さまざまな作業が付随しているのだ。

AIは新しい設計のきっかけになる提案をしてくれる

このような状況に対して、設計、もしくは製造に対して、現状AIはどのように活用されてきているのだろうか。最近のニュースを見てみよう。

「マツダ、車体平均3％軽量化　「電脳」味方に設計改革　限界突破の設計改革」
（2017年6月1日　日経デザイン／日経ものづくり）

製造業やモノづくりというと、関連分野はかなり多岐にわたるため、筆者が主に活動のフィールドとしている製品設計分野に限って動きを拾った。テクノロジーそのものの分野でもあるため、さまざまな事例がありそうだが、意外にもこの分野でのニュースはそれほど多くはない。

そこでＡＩそのものだけではなく、従来から使用されているシミュレーションが発展した分野まで広げて考えてみたい。実際、製造業といってもそのＩＴ化のレベルはバラバラで、大規模な製造業では早くから３次元ＣＡＤ（コンピューター支援によるデザイン）やＣＡＥ（コンピューター支援による設計シミュレーション）などのソフトウエア、あるいはそれらのソフトウエアで使用される３次元データを活用したデジタルなモノづくりが進行していた。それに対して、導入が遅れている現場では、２次元図面中心のモノづくりが残っている。

そのため、それなりの規模の会社でも、工場は「大きくなった昔の町工場（案内してくれた会社の人の言葉)」のような環境で、AI導入の前にまずやるべきことがあるのでは、というのが現実だったこともある。

そのような現状をふまえたうえで、最近の流れを考えてみたい。製造業でAIが使用できる可能性はさまざまだ。少々乱暴だが、ここではつくると決まったものの設計をする設計工程と、それらを製造する製造工程に分ける。

設計分野では、設計現場に常にコスト削減と納期短縮のプレッシャーにさらされてさまざまな改善がなされ、IT関連の取り組みが積極的になされてきたのも現実だ。ただし、それはどちらかというと現在、AIが活用されている分野ではない。やはり設計・開発の分野でこれまでにない革新性に対して貢献する、あるいは人間だけでは思いつかない設計の最適化に貢献するということがAIらしい活用の方法といえるようだ。

最近、筆者が日常的に使用している3次元CADやCAEの世界でも、しばらく前まではコンセプト的な研究段階であった設計最適化が可能なソフトウエアが非常に安価(数十万円程度から)に使用することが可能になってきている。どういうことかというと、ある部品のざっくりとした形状を作成し、その部品がどのような材料でできているのか、どのように取り付けられているのか、どのような荷重がどのような条件でかかるのか、というさまざまな条件を入力する。従来のシミュレーションツールでは、あくまでも人間がモデリングをしたものの構造が適切なのか、壊れないか、あるいは過剰設計になっていないかなどを検証し、必要に応じて形を修正することを繰り返す。

ところが、最近のシミュレーションツールへの搭載が普及してきた「最適化ツール（各メーカーごとに名称は異なる）」を使用すると、ざっくりとした形状に必要な条件を入力するだけで、最適と思われる構造の提案をしてくれる。それに基づいてCADを使って構造をつくることで、最短時間で最適な構造を設計することができる。人間が多種多様な条件を考慮して検討するのには限界があり、ある程度あたりをつけてから、という制約が入ってしまう。しかし、AIに任せることで検討の幅が広がり、これまでになかった構造も生み出される可能性がある。

エンジニアとしての実力＋最新の道具を使いこなす力

ただ、重要なポイントがある。それは、判断するのは常に人間であるということだ。工業製品は注意深くつくられているが、「絶対」はない。そして、製品を開発しているのはメーカーであり、メーカーを動かしているのは人間で、その人間に常に説明責任がある。

コンピューターがこのように提案したので、そのままつくりましたというわけにはいかない。現在のＡＩは大量に学習することをベースに最適なものを提案するが、なぜそれを提案されたのかはわからない。特に製品をつくるうえで、なぜそのようにつくったのか、なぜ大丈夫なのかという根拠を説明できることは非常に重要だ。モノづくりにおいては、そこにエンジニアリングの知識が必要で、その知識に基づいて構造の判断をしなくてはならない。つまり、技術者の価値がなくなることはなく、逆に提案されたものをきちんと判断できる、あるいは提案されたものを基礎にしてさらに発想を発展させることが求められるのだ。これができれば、とりあえず生き残ることができる素養がある。

ただし、それは必要条件で十分条件ではない。どの分野でも、設計業務を支えるツールのＩＴ化は継続的に進んでいくだろう。企業としても取り入れないと、開発効率が落ちて競争力が低下する可能性があるからだ。企業が新たなツールを積極的に導入する時、その職務を遂行する人には新しいツールを使いこなすＩＴリテラシーが必要になる。

残念ながら、どういうわけだか古い道具に固執する人や会社もある。使い慣れた道具自体を否定するつもりはないが、やはりデジタルの道具を使いこなすことは効率化につながる。使いこなせない会社や人と、使いこなす会社と人とでは徐々に差が開いて最後には前者の仕事がなくなってしまうことはおおいに考えられる。

いろいろと言ってきたが、話はもっと単純だ。たとえば私があるパーツを設計してもらいたい時、信頼のおけるエンジニアにポンチ絵（きちんとした図面ではなくて、手描きのイラストのようなもの）を渡して、「これでよろしく」というと、人間のエンジニアはきちんとしたCADデータを私の意を汲んで仕上げてくれる。残念ながら、そのレベルのAIはまだないし、近い将来に登場する気配もない。その意味ではちゃんとしたスキルを持っている人は大丈夫だ。

勢いのある分野のエンジニアになる必要性

これは、自分が何をやりたいのかにもよるので難しいところだが、前述したように製品ひとつを組み上げるにも、ハードウエア、電気、ソフトなどの分野がある。それぞれに専門性があるため、それぞれの専門分野に分かれている。どのような機械でも物理的に筐体があり、電気で駆動し、その制御はソフトがやるので、どのエンジニアも直接的に仕事を失うことはないかもしれない。

ただ、どの分野が主役になるかというバランスは変わってきている。継続的に、ソフトウエアの重要性が増しているのだ。したがって、純粋な製品としてのソフトウエア開発やアプリ開発だけでなく、さまざまな製品におけるソフトウエアの重要性は増すことがあっても減ることはない。今後もソフトウエアエンジニアを目指すのは有効だろう。

ハードウエアなど他の分野のエンジニアも諦める必要はない。頭脳としてのAIの開発だけでなく、今後AIを活用したロボットなどの開発も進めば、ソフトとメカトロニクス※、素材などさまざまな取り組みが求められる。どの分野の仕事をするのかが、今後の自分の活躍を大きく左右する要因になるだろう。

最新の設計ツールが活用できることと、これからの伸びる産業分野への自己投資が、これからの活躍のカギ。

生産現場の技術者――AIとの協働環境になじむ必要がある

生産現場の仕事といっても、これまた1つではない。金属の塊を削り出して部品を切削加工することを専門にしている企業や技術者はたくさんいるし、大量生産用の金型をつく

※　メカトロニクス　メカニクスとエレクトロニクスの合成語で、元々は和製英語。機械工学の分野に電子工学の成果を取り入れることで、高性能かつ多機能の製品開発を目指す。産業機械から身近な家電製品に至るまで、応用例は多い

る仕事をしている人もいる。あるいは、製造され集まってきたさまざまな部品を組み立てて最終製品に仕上げる工程もある。

組み立て工程というと、各担当者がひたすら同じ作業を行って次の工程の人に組み立て中の製品を送る、流れ作業と呼ばれるライン生産を考える人が多いかもしれない。しかし、セル生産方式といって1人の担当者が製品の組み立て業務から検査まで、すべての工程を行う方式もある。

また、生産現場に図面が降ってきたらいきなりものをつくることができるわけではない。生産のためのさまざまな準備が必要だ。それを生産技術という。生産技術者の仕事といわれてもあまりピンとはこないかもしれないが、主に加工手順の決定、使用する設備・ツールの決定と手配、治具《じぐ》（加工物の位置決めなどをする補助工具）の設計、治具自体の製造または製造手配、設備・治具をラインやセルに準備、生産設備の稼働準備、ラインなどの改善、生産現場の改善、新たな生産技術の開発などだ。

この仕事の中には、設計との打ち合わせ、協力会社など外部とのコミュニケーションもあるし、いずれの職業とも同様にさまざまなドキュメントの作成作業などもある。

もともと多くの機械が稼働し、生産されるものがはっきりとしていて、求められる品質も定量化されている現場なので、自動化や省力化はどの現場よりも早く始まっていた。
さらに購買・調達を最適にする取り組みも随分前から進んでいる。しかし、工場の製造現場を見たことがある人は感じたかもしれないが、今でもたくさんの人が働いている。このような生産の仕事に対して、現在のＡＩやその他の自動化の技術はどうかかわり始めているのだろうか。

「ロボ、AI使い「身近に」」
（2017年4月17日　日刊工業新聞）
「自動化の実験場兼ショールーム、安川電機の工場戦略」
（2017年8月23日　日本経済新聞／日経ものづくり）

生産工程において大事なのは、正確に精度よく、かつ効率よくつくっていくことだ。それは大規模な工場のマネジメント全体にかかわるものにせよ、個別の加工のプロセスにせよ共通することだ。組立ラインの自動化が進むだけなく、その自動化に柔軟性を持たせれば、工程の順番が変わるとか、工程が増えるといった場合でも柔軟に対応できる。あとは人間が部材などの投入をすれば機械が残りの操作をやってくれる。

もともと自動化、効率化とは相性がいいため、ＡＩやＩｏＴ、ロボットといった技術の活用が進んだ工場の省人化は進む可能性がある。引き続き人間が機械自体の面倒を見る必要があるにせよ、１人でたくさんの機械を操作できるようにもなる（その時に人を削減する方向に進むのか、それともさらに機械を増やして製造能力を高めるのかはその企業による）。ここで生き残るには、従来とは違って、ＩＴツールを使いこなす新しいスキルを兼ね備えた、新しいタイプの製造職人が求められる。

たとえば、現在は３次元ＣＡＤのデータをそのままＣＡＭと呼ばれる工作機械を動かすためのプログラムを作成するソフトに読み込んで、Ｇコードという機械制御のためのプログラムをつくり、マシニングセンター（ＭＣ）と呼ばれる複合加工工作機械で削ってしまう流れが一般的だ。

この流れだけ見ていると、すでに人が介在する余地がなさそうだが、実際にはエンジニアの腕一つで出来上がりの品質が変わる。ＭＣの登場でＭＣ職人も登場している。人が必要なくなるように見えても、それを道具にして使う人間によって差が出るのだ。

一方で、ｉＰｈｏｎｅをはじめとする世界中で使用される大量生産品では、まだまだ人件費の安いところで労働集約的な組み立てが行われている。それはとりもなおさず、まだ人が機械よりコスパよくものをつくれるところがあるからだ。

この分野でＡＩに置き換わるスピードは案外遅いかもしれない。組み立て作業はかなり物理的な作業で、ＡＩのような頭脳だけではどうにもできない。総合的に人間のように柔軟で精度の高い仕事ができて、コストも人を雇うより安く、かつ短期間で大量に導入できるようになる必要がある。それを考えると、意外にハードルは高いのかもしれない。

ただこれから、特に日本では労働力が減っていく。当然生産現場にも影響するため、国内に雇用を残すためにも、むしろロボットの発展と導入が必要になってくるだろう。ロボットを使いこなすのはまだ簡単ではないが、ファナック（本社：東京都日野市）では従来は難しかった複雑なロボットの調整をＡＩに任せられるようにして、スムーズな導入ができるようにするなどの取り組みを進めているようだ。

生産現場は、物理的にものを加工し、組み立てていく場所だ。頭脳たるＡＩだけではどうにもならない。むしろ、現場ほど仕事は残っていくかもしれない。だからといって、すべて安泰というわけではないだろう。ＡＩとロボットやＩoＴによる効率化の流れが加速することはあっても、仕事がなくなるとは想定していない。確実に、ＡＩベースの機械やロボットたちとうまくやっていく能力が必須になるのは必然であり時間の問題だ。

やはり、新しい機械ほど同じものを効率的かつ楽につくることができる。AIの活用も同様だ。早くから新しい生産機器になじむほど、むしろ新しい時代の生産技術者になれる可能性がある。その努力をしていくべきだろう。

人事――会社そのものを人で体現しつつ、個人のパフォーマンスを上げる努力を

人事系の業務でも最近はAIによるアシスタントが求められており、昨今ではHR Techという言葉も出てきている。HR Techとは、昨今の金融のフィンテックと同様に、ビッグデータやAIなどのITを活用して人事を行うことをいう。

人事部の仕事は多岐にわたるが、主なものは次の5つだ。

(1)人事計画、(2)採用、(3)評価、(4)教育、(5)労務

人事計画は、会社のビジネスの発展そのものを下支えする重要なものだ。また、実際に

経営者や直接部門の責任者とともに考えていくものなので、経営寄りの仕事だといえる。人事計画は会社の経営者の意思そのものとも言えるもので、それを支えるさまざまなシステムも出てきている。日本のような新卒一括採用がないアメリカはもとより、人材の流動化が進む日本でも注目されてきている。メディアのニュースから考えてみよう。

「AIで人事部いらず？　データで最適配置」（2016年6月15日　日本経済新聞）
「AIがあなたの仕事を『公平に』評価してくれる時代に　採用・人事でのAI活用に大きな期待」（2017年4月29日　NewSphere）

やはり、人材の採用、社内の人材の評価、会社の運営を最適にするための人材配置の支援などが期待されている。簡単に人材評価をするといっても、直属の上長がすべてを把握しているわけではない。評価はともすると主観的なものになりがちだ。それを客観的かつ総合的に評価できれば、会社の経営におおいに役立つはずだ。

どのような人材を採用するのか、採用した人材、あるいは今いる人材をどのように配置していくのかが重要だ。しかし、業務や職種、その組織の仕事のやり方に対しての向き不向きもある。現在と将来の従業員、ともにすべての情報を把握することなど不可能に近い。人の採用にはコストがかかるため、すぐに辞められてしまっては会社にとってダメージとなる。とはいえ、問題のある人物の採用だけは避けたい。

従業員側も、昨今言われているブラック企業ではないが、労働環境が劣悪な会社はもちろん、どうも自分には合わないという会社には入りたくないだろう。

自分の今後の昇進、昇給にかかわってくる「評価」が多くの従業員にとって最もかかわりのある人事関連の業務だろう。先日、筆者はインターネットを使った生放送であるスクールの授業を担当した際、参加者から「AIに自分の仕事を評価してほしい」などという声もあった。これは、自分の仕事が正当に評価されていないと感じているからだろう。

実際、人事評価については不満のほうが多い。そもそも、明確な人事評価の基準などあるようでないことが多いだろうし、経理や総務などの業務では評価基準がはっきりしないことも多い。さらに、立場が上になればなるほど、個人の業績だけでなく部下が育成できているか、部門の評価はどうかなど多岐にわたる。すぐに結果の出しやすい仕事もあれば、種まきをしてから結果が出るまでに時間がかかるものもある。

このように、非常に多岐にわたる業務を限られた人員でこなさなければならないため、

ＡＩをはじめとするＩＴを活用する余地は大きい。データベースで知られるオラクル社は「ＨＣＭクラウド」というサービスで採用から評価、勤怠管理などの人事で必要な業務をカバーするサービスを提供している。日本でも、ビズリーチ（本社：東京都渋谷区）が「ＨＲＭＯＳ（ハーモス）」というシステムで採用管理から勤怠、給与管理など人事支援のサービスを提供しており、そのシステムではＡＩの活用への取り組みも始まっている。

どのケースも、現時点においてはいわゆるＡＩの機能が人間に取って代わるものではない。急速に成長するＩＴ企業などでは、アシスタントを含めても数人の担当者で何百人という応募者の採用業務にかかわらなければならない。その時に個々の候補者とのやり取り、人事と直接部門の担当者とのやり取りなど、関係者間のやり取りの情報を一元管理してコミュニケーションを効率化するといった、業務の効率化というＡＩ以前の話も多い。

しかし、今まで可視化されていなかった情報が目に見えるようになると、自ずとその情報を活用しようという取り組みも進む。システムから得られる情報を元にして、候補者とのやり取りをカスタマイズして内定の承諾率を高くするなどの活用法も出てきている。

人事の業務として大事なことの一つは、内定者に逃げられないようにする、あるいは既存の社員の離職率を下げるなどだ。個人個人に対しての対応を助言できるようになってくれば、本質的なところでの活用が可能になることが考えられる。

会社からすれば、会社のあり方、経営そのものである人事のあり方において、ＡＩが提案するものを盲目的に信用することはないだろう。そういう意味では、人事関係者もその職種においては当面大丈夫かもしれない。しかしここでも、どんどん進化するＨＲｔｅｃｈなどの道具を使って経営に対する付加価値をつけることが生き残りにつながる。

これらのシステムを活用するのに十分なデータが継続的に収集でき、ツールを使うためのリテラシーを得て、一歩先の活用をできる人が当面生き残ることになるだろう。

ＨＲＴｅｃｈなどのテクノロジーを活用して従業員の満足度を高め、会社の人的資産の価値を高めるなど、経営につながる動きをすることが人事の価値を上げることにつながる。

店舗の接客・サービス業――人間がいることで生まれる付加価値の追求がカギ

接客など、モノを売るのではなくサービス、つまり役務を売るということを、ひとまとめにするのはやや乱暴にすぎるかもしれない。商店で物品を販売する人、美容師や理容師、飲食店の店員などもサービス業務に従事している。まったく性格が異なるが、それぞれについて可能な限り考えてみたい。

どの接客業にも共通するのは、顧客のリクエストを聞く、そしてその要望に対する商品やサービスを提供するということだ。それ以上でもそれ以下でもない。ただし、純粋にその商品を持ってくればそれでいいのか、その場の雰囲気などという定量化が難しいもの、人によって判断が変わるものなどもその周囲についてくる場合もあるのだ。

また、商品は完全に決まったものなのか、多少の調整はきくのか、フルオーダーなのかというバリエーションもある。完全に定型的な場合の典型はコンビニなどでの商品の販売や、飲食チェーン店などだ。極論すると目的の商品が届けばよく、店員に余計な対応は基本的に求められてもいないし、逆にする必要もない。さらにいえば、居酒屋チェーンは人手不足が非常に深刻だ。目先のことにとらわれて外国人の従業員を雇うより、テクノロジーで解決をはかるほうが今後につながるのではないかと筆者は考える（彼らだって、いつまで日本に魅力を感じてくれるかはわからない）。

高給レストランの場合には、その雰囲気や店員の対応なども含めて売り物なので、食べ物を持ってくればそれでいいわけではない。それから庶民派の個人経営の飲食店も食べ物はもちろんだが、そもそも大将や女将さんと話をするのも、店の売り物のうちということも考えられる。衣料品販売でも、個人がやっているブティックとユニクロのような店では、基本的に店員に求められるものは異なるし、顧客の期待値も違う。また、ネットでの販売などは、基本的には前者のモノが欲しい時だけの接客に類するものだろう。多少人間味を感じるのは、トラブルなどでカスタマーサービスとのやり取りをするくらいだ。

言い換えると、単にモノが欲しい時だけ行くのか、それとも「モノ・プラスアルファ」を求める時に行くのかで接客業に求められるものは異なる。接客業に関するＡＩには、どのようなものが登場してきているのだろうか。

「ＨＩＳ「変なホテル」、愛知でも開業　国内10カ所以上めざす」
（２０１７年８月１日日本経済新聞）

「新宿伊勢丹で「人工知能」による接客サービスがスタート」
（２０１５年９月16日　AdverTimes）

「アスクル、人工知能で問合せ対応」
（２０１６年５月26日　通販新聞）

ロボットが対応する「変なホテル」は、話題の段階をすぎて定着の気配も見えているようだ。3カ所目を愛知県で開業するとのことだが、100室ほどあるホテルを10種ほどのロボットで運営するという。

100室級のホテルがオープンするのに人の雇用は増えないように見えるから、AIやロボットが人の雇用を奪ってしまった典型例のように思える。変なホテルの立役者でもあるハウステンボス株式会社CTOの富田直美氏は、「Japan IT Week 春2017」における講演で「ロボットが提供できるサービスは三ツ星までアでしょう」と述べている。

ここに一つのヒントがあるかもしれない。宿泊というイベントそのものを楽しむのか、それとも寝られればいいのか。同じ宿泊でも期待するものはまったく違う。出張などで宿泊をする場合、圧倒的に後者だろう。筆者もホテルの人と会話をするのは、チェックインでカギをもらう時とチェックアウトで支払いとカギの返却をするだけのことが多い。

接客業での顧客の希望に合わせた商品のアドバイスも、十分な顧客情報を扱うことができるようになれば、AIでのアドバイスも十分に現実的だ。確かに、常連の客ならともかく、はじめてやたまにしか来ない顧客に対しては、ベテランの店員でもアドバイスは必ずしも容易ではない。顧客との会話の中で、ファッションの好みを学習、提案してくれる

ＳＥＮＳＹ（センシー）のようなシステムを使えれば、よほど的確なアドバイスも可能になる。百貨店のような場所で、顧客が店員に期待するのは単に的確な商品を持ってきてくれるだけではない、満足感だろう。

単に商品の取り次ぎをする仕事はＡＩに取って代わられる可能性が高い。本当の意味で、「人間がそこにいることの価値」を体現し、「自分がいることで喜んで顧客がお金を払う」といえるような自己投資をできる人が、接客業を続けることができるだろう。

コールセンター——人間取次機から顧客をファンにする仕事へ

コールセンターも接客業のカテゴリーに入るかもしれないが、一つの職種として確立しており、ＡＩの議論でもよく独立して取り上げられるので単独で取り上げた。

コールセンターとかカスタマーサポートは大変に人間的な業務だ。なお、ここで言うカスタマーサポートは、一般消費者が使用する製品やサービスに対応するものだ。

最近のソフトウエアをはじめとする最新のＩＴツールなどは、メールやチャットでやり取りをするのではなく、ネット上にフォーラムなどを設けて、そこで販社だけではなくユーザーが知恵や経験を寄せ合うことで問題を解決するパターンもある。また、「FAQ（よくある質問とそれに対する回答集）」だけでこなしている場合もある。

とはいえ、多くの場合はそのようなネット上だけでの対応ではすまず、結局人が対応するコールセンターに電話してやっと解決するという状況は変わらない。人間と話をしなければならないケースで問題となるのがコールセンターの品質だ。コールセンターの対応の一つで、その顧客をつなぎとめたり、一歩進んでファンにさせたりすることさえある。その一方で、怒らせてそのまま顧客の流出につながることも珍しくない。

コールセンターの担当者の品質は習熟度合い、経験、向き不向きなどで大きく異なるのが現実だ。基本的には同じような内容の問い合わせが多い中で、イレギュラーな質問やクレーム対応などもあり、精神を病む担当者も少なくない。人間が対応しなければならない状況がある反面、人間が担当するにはつらい仕事でもある。

コールセンターの仕事はどのようなものだろうか。コールセンターの仕事は、自分から顧客に向けて発信するアウトバウンドと、顧客からの電話を受けるインバウンドがある。前者は営業、テレアポ、督促などで、後者は問い合わせ、受注、クレーム対応などだ。

スーパーバイザーなどの職種になると管理業務が加わってくるが、インバウンドであれば、顧客の問い合わせに的確に対応するという一つの機能しかないと考えてもいいだろう。つまり、電話の相手への回答、その内容がわからない時にはその分野の担当者への確認、そして担当者につないだほうがいい場合は、専門の担当者や担当部署への転送という極めて限定された内容だと言える。

「三井物産、AIでコールセンター効率化　質問予測し自動応答」

（2017年8月18日　日本経済新聞）

「人手不足解消の切り札、何でも答える「自動対話AI」」

（2017年6月30日　日経コンピュータ／日本経済新聞）

前述したように、現時点ではコールセンターの仕事は人間でないと難しいという前提からの提案が多い。確かに、コールセンターは人手不足になっている。

宅配便を単純に再配達してもらいたい場合も、最近は電話よりウェブで頼んだほうがスムーズだが、電話で頼みたいという人はいるしそういうケースもある。そこで、昨今導入が進んでいるのが自動で会話をしてくれるチャットボットというプログラムだ。問い合わせのすべてを人間がやるまでもないものも多いし、ＬＩＮＥなどをはじめとしてチャットベースのコミュニケーションに慣れている人も多い。

たとえば、ヤマト運輸では再配達依頼をＬＩＮＥで行うことができる。このやり取りをするために必要なＬＩＮＥの友達登録も２０１７年４月現在で７００万人を超えているようだ。このようなチャットボットの対応はさまざまな分野に広がっている。証券会社のコールセンター業務、生保の保険手続き、旅行会社の航空券予約や旅行計画の相談、通販のカスタマーサポートなどだ。

アウトバウンドで使用されるチャットボットもある。アメリカの7カスタマー社のシステムは企業が持つ顧客情報と顧客のウェブページの閲覧履歴や利用状況から、顧客の興味の高まりを予測して問い合わせ画面を表示してチャットへと誘う。チャットボットが対応できなければ人間が引き継ぐというものだ。

確かに従来は人間がやっていた業務だが、そもそも人手が足りないし、すでにウェブなどに置き換えられている業務も多々ある。その意味では、チャットボットは人間が本来やるべき業務を奪っているとはいえないのではないだろうか。

NTTドコモが導入するシステムは、コールセンターに電話をかけてたとえば料金について知りたいと言うと、プッシュボタンで何番を押せ、などというまだるっこしい操作をすることなく即座に担当者につながる。顧客がしゃべることから推測する、いわばAIの受付だ。

コールセンターでは、すでにAIを活用して顧客のしゃべることを推測し、適切と思われる回答を示すものなどが登場してきている。

リアルタイムで問題を解決しなければならない時には会話が必要だ。人間が話しているのか、AIが話しているのかわからないくらいにAIが進化し、なおかつ人間が完全にAIを受け入れれば別だが、10年、20年でそうなるかは議論の余地があるだろう。現在開発中のシステムは人間が必要という前提のもとに、誰が担当者でも対応ができることを目指して開発されている。したがって、これからコールセンター担当者はもっと仕事がしやすくなるだろう。

そう考えると、コールセンターの仕事は案外長く残り続けるかもしれない。ただし、すべてのコールセンター業務がというわけではなく、本当に人間が対応しなければどうにもならないイレギュラーな業務に限っては、という方向性に向かうはずだ。

したがって、単に専門部署への振り分けをする、もしくは本当に定型的な質問だけの仕事であれば将来的には不安がある。人間しかできないサポート業務を行うために、専門性を磨いたほうがいいのかもしれない。

単なる取次やＦＡＱとしてのコールセンター人員は確かに必要なくなる可能性が高い。通常の接客業と違い、人が行うことの付加価値も生み出しにくい。扱う商品やサービスに対する専門性を磨くと強みが増すのではないだろうか。

経理・財務――会社に利益をつくる仕事へいかにフォーカスするか

昨今はフィンテックが当たり前のようになってきている。会社によって、そのＩＴ化度合いはさまざまだろうが、今時何かの会計システムを使っていないという会社は少ないだろう。大きな会社であれば、さまざまな基幹業務システムとも連動し、日々の会計の情報を確認することもできる。スタートアップしたての小さな会社でも、銀行口座やクレジットカード、さらには請求書システムや経費精算システムと連携することで、手間なく日時の情報を処理できる。業務の中でも、最も進行している分野といえるかもしれない。なお、ここではちょっと乱暴だが、税理士や会計士なども「お金にかかわる仕事」ということで、一緒に考えてみたい。

いわゆる経理の仕事にはどのような作業があるか分解してみよう。入出金管理、収支バランス管理、財務諸表作成、直接部門とのコミュニケーション、税理士や公認会計士とのコミュニケーション、経営者とのコミュニケーション、与信管理、経理上のルール作成、資金調達、銀行とのやり取り、入金管理、売り掛け管理、決算業務、棚卸し、給与計算、社会保険の支払い、請求書発行などなど、お金に関すること全般で多岐にわたる。

必ずしもデータ上のやり取りですむ話ではないことがわかるし、さらに大きくて歴史のある会社であれば、そもそもシステムが連動していないとか、必要なデータが必要なタイミングでこないとか、ＡＩ利用以前の話という場合も少なくないかもしれない。

「自動仕訳のＡＩ技術で特許取得―freee」
（２０１６年６月28日　ZDNet Japan）

「ハウステンボス、会計業務の生産性を50％高めるためにＡＩ装備の「ＨＵＥ」を採用」
（２０１７年３月17日　IT Leaders）

「口座明細を自動仕訳　会計ソフトの応研が提供　決算業務効率化」
（2017年2月18日　日本経済新聞）

実のところ、会社の業務で経理に関連する最近のサービスを探してみると、「仕訳」に関するものが多い。他にも有効なサービスがないか探してはみたが、目立つのは仕訳関連で、ちょっと毛色の違うものだと取引の情報から不正会計を見抜くことなどだ。

仕訳とは、ごく簡単に言えば会社で発生した取引を借方、貸方に分けたうえで、それぞれに適切な勘定項目を振り分けることである。それだけ聞くと簡単そうで、実際ほとんどの取引はルール化できるが、取引とは顧客とのやり取りだけではない。何か消耗品を購入したとか、出張旅費や給料、社会保険など、会社から出入りのあるあらゆる取引だ。

つまり、山ほど項目があるため、ルール化しても処理を山ほどしなくてはならない。まさに、人間がやるよりコンピューターに向いている作業なのだ。かつて、紙の伝票が主流だったころは人がやるより仕方なかった。

だが、仕訳のやり方に正解はないため、話はそう簡単ではない。仕分けの仕方が経理担当者や会計事務所などによっても違うことは珍しくなく、それによって税率が変わってくることもある。どのように仕訳するのかは、経営そのものだとも言えるのだ。

もちろん、時間をかけてＡＩに学習させれば徐々に経営者の考え方に合ってくるだろう。ただ、そのためには経営者や経理担当者がＡＩの「教育係」を担わなければならない。そうなると想像がつくだろうが、経営者ときちんと話ができて、経理財務の面から経営者にアドバイスできるＡＩは今のところないのだ。それこそが人間の経理担当者の価値だと言える。

もちろん、人間の経理担当者には他の仕事もある。税理士とのコミュニケーションや税務署が税務調査にやってきた時の対応などだ。そして、その対応で自社が無用に損をしないようきちんと対応するためには、人間の経理担当者がいかに重要かわかるだろう。

フィンテックは、仕方がないから人間がやっていた面倒な仕事、あるいはデータの処理を請け負ってくれるようになったと考えてもいいのではないだろうか。

その意味では、人間の経理担当者はどうも生き残りやすいようだ。とはいえ、この職種においても誰もが安心していいわけではない。会社が正しく得をするようにして、経営者の右腕となる経理のプロになることで生き残ることができるだろう。淡々とした事務処理係に終始するようであれば、ビジネスの観点から経理を勉強し直したほうがいいかもしれない。

経理事務は、経理システムが充実するとともにやり取りされるお金自体が電子マネーになり、データ化されることで自動化されるのは必然だ。領収書自体もスキャンはおろか完全にデータとなる。企業という立場から、いかにお金を効率的に扱うのかという能力など、本来の企業経営の視点に立てる能力を身につけることが人間の価値につながる。

営業——利益を上げつつ三方良しになるためにＡＩの活用を

実のところ、ＡＩ時代になっても営業という仕事は案外変わらないかもしれない。あらためて振り返ると、営業の仕事とはもちろん「顧客にモノやサービスを売る」ことがゴールになる。だが、最終的にお代を頂戴したり、注文書をもらったりするまでには、さまざまな作業がある。

しかも、一言で営業といっても実に多様な営業のやり方がある。まず、Ｂ２Ｃと呼ばれる個人相手の営業なのか、それともＢ２Ｂと呼ばれる法人営業なのか、これだけでもやることもやり方も違う。個人営業の場合でも、ネットでまったく人を介しないで行われる営業活動もあれば、夜中のテレビのテレビショッピングもあれば、飛び込みのルートセールスに、店頭での営業など、ちょっと考えただけでもさまざまだ。

法人営業の場合も、最初のコンタクトはネットでの問い合わせである場合も増えてきたが、その後は人間の営業担当者が対応する。比較的簡単に売れてしまうものもあるが、たいていはもう少し商品やサービスのことを詳しく聞かれる。もちろん、その商品が相手の会社にどのようにメリットを与えるのかを魅力的に説明するのも営業の仕事だ。技術系の商品であればプレゼンやデモもあるし、イベントへの出展であれば、広告代理店の営業同士がコンペになってプレゼンをしなくてはならない。

単純に製品の機能と金額だけではなく、その後のサポートやサービスも含めて、細かく金額や提供内容のさじ加減を調整する必要がある。もっと面倒な場合は相手の会社の社内政治状況を把握しなければならない。誰があなたの会社の味方となるキーパーソンなのか（チャンピオンという言い方もある）、誰があなたの会社の競合の味方なのか（エネミーとも言う）。実のところ、営業のほとんどの仕事は実に泥臭い場合が多い。

このような多岐にわたる業務を行ううえで、現在のＡＩベースのサービスにはどのようなものがあるのだろうか？

実のところ、営業支援ツール（Sales Force Automation）はかなり以前から存在していて、米Salesforce.comのツールを使っている会社もかなり多いのではないだろうか。ただし、これらのツールはＡＩというわけではない。主な用途は営業チームとして、各営業担当者の進捗を確認したり、顧客情報を共有したりすることだ。従来の営業支援システムに加えて、営業専用と銘打たなくても、営業に使用できるシステムはそれなりにあるかもしれない。そのような営業部門にダイレクトに関係するＡＩのシステムはどのようなものがあるのだろうか。

「〝AI秘書〟機能を搭載した営業支援システムが登場」
（2016年10月3日　日経ITイノベーターズ）

「ソフトバンクが『社内AI』で進める営業改革」
（2017年3月30日　ITmediaビジネスオンライン）

ＡＩ秘書が搭載された営業支援システムでは、顧客の情報や案件の情報、商談履歴やその他のデータをＡＩが分析して、次にとるべき行動を提案してくれる。さらに顧客訪問の

回数に対して、情報が少なければ営業活動における不足が指摘されるし、クローズしてもよさそうな案件がクローズしていない場合には、営業パーソンの上司にお知らせが行く。秘書というよりは、ちょっと小うるさいマネージャーのような感じだ。

従来の情報共有や可視化などが中心だったシステムと比較すると、もっとアクションをとってくれる。ただ、ＡＩが営業活動をやってくれるわけではない。今まで生かされてこなかった情報をより生かして、行動、そして成果につなげようというものだ。

ソフトバンクのような企業になると、ＩＢＭのWatsonをベースに「Softbank Brain」というシステムをつくる。このシステムには「提案アドバイザー」「Pepperアドバイザー」「社員を探す」の3種類のシステムが組み込まれている。提案アドバイザーでは、顧客に合わせて数千種類にものぼる提案書の雛型から適切なものを提示してくれるそうだ。確かに扱う商材が多岐にわたり、そのうえ顧客もさまざまという場合には、このような機能は目的に沿った提案書をつくるのに威力を発揮する。

Pepperアドバイザーは Pepperの仕様を調べるのに便利な機能のようだ。このような機能は、特に高機能、多機能な製品の販売を担当する営業担当者には有効だろう。このシステムではＳＥからのアドバイスももらえるようだ。社員を探すというのも、どこでも使えそうな機能だ。営業担当者だけではなく、コールセンターなどでも使えそうだ。社員個人を探すのはもとより、特定の会社の担当者やその人の上司などもわかる。

営業という職務から人はいなくならないという意見は多い。実際、少なくともこれまでに展開されているＡＩのシステムは、営業担当者が困っていた部分や、人間がやると効率が悪いことを補完するものだ。根本的な考え方として、営業はあくまで人がやるものだという考え方を前提にしている。したがって、営業という業務から人間の雇用が奪われてしまうことは当面想定しなくてもよさそうだ。

ただし、繰り返しになるが、それはＡＩが直接あなたの仕事を奪うわけではないというだけである。事務作業などの付帯業務も楽にはなるだろう。それに加えて、ＡＩを搭載してアドバイスシステムがさらに普及するのがこれからだ。しかし、アプリなどのベンダーから提供されるのは基本的なプラットフォームのみ。そこに魂を吹き込むのは会社であり、そこで働く個人だ。すでに会社の中でさまざまな情報がデジタルデータ化されていれば非常に有用な秘書システムになるだろうし、そうでなければあまり期待できない。

また、そのようなシステムであっても、徹底的に使いこなす人がいるかと思えば、ほとんど使わない人もいる。ここでも、あなたの仕事を奪うのはこのようなＡＩをより効果的に使いこなす同僚だったり、あるいはあなたの会社の競合だったりするかもしれない。

やるべきは、あなたの分野の営業に必要なスキルをあらためて確認するとともに、これからも出てくるであろうＡＩのツールを使いこなすことだろう。

極論すれば、営業は数字を上げていればそれ以上のことは問われないことが多い。ただし、楽に数字を上げていくにはテクノロジーの力を借りることも有効だ。従来のやり方でも数字は上がるかもしれないが、テクノロジーの力を借りた営業が後ろから追いかけてきて、そのまま追い抜いてしまう可能性は高い。新しい武器を使いこなそう。

マーケティング――会社の未来を描く力×デジタルマーケティングのリテラシー

マーケティングの分野ではＡＩの活用が進んでいるといわれているが、それはマーケティングの仕事の中のごく一面しかとらえていないかもしれない。

ここでも、マーケティングの仕事を分解してみよう。というのも、マーケティングという言葉からイメージするものが人によって違うことは珍しくないし、また会社によってマーケティング部門の位置づけも異なる。経営に非常に近い場合もあるし、「営業・マーケティング部」などのように、どちらかというと営業職の一部のような扱いもある。

さらに、マーケティング部の中でプロダクトマーケティング、インダストリーマーケティングのように、その製品やサービスのプロモーションや販売戦略を考える人たちもいれば、フィールドマーケティングのようにイベントの開催や広告などを扱うことが主体の人たちもいる。したがって、「マーケティングとAI」といっても、その影響の度合いは人によって大きく異なる。

ただ、共通していわれるのは、マーケティングとはその会社の商品やサービスが売れる仕組みをつくること、あるいは顧客を営業担当者の前につれてくることだ。そのうえで営業担当はその顧客に売り、商談をクローズする。

そのようなマーケティング部の仕事は、まず情報の収集や分析がある。情報ソースはさまざまなネットでの調査や、一般消費者へのアンケート、既存顧客からの聞き取りなどだ。営業担当者が仕入れてきた情報もソースの一つだし、マジックミラーのある部屋で何人かのボランティアにディスカッションをしてもらい、それをマジックミラー越しにモニターして判断材料にすることもある。それらの情報を分析し、新商品の開発、プロモーションへと結びつける。マーケティングとは元来会社の経営と非常に密接なものだ。

売るための仕組みを考えたら実際に行動しなければならない。さまざまなメディアとの関係を築いたり、広告や記事広告を出稿したり、プレスリリースを出したり、記者発表会をしたり、自社イベントを開いたり、展示会に出展したりなどさまざまだ。

実に多様な作業によって機能しているわけだが、AIはマーケティングにどのようなサービスを提供しつつあるのだろうか。「AIとマーケティング」という報道は一般メディアでも思ったより少なかった。一般の記事からそのトレンドを見ていこう。

「ビッグデータ、経済指標も公的機関より早く　日銀注目」

（2017年7月26日　日本経済新聞）

最近では、民間企業が所有するビッグデータやSNSのタイムライン上の情報を活用した経済指標が注目されている。経済産業省は野村證券などに開発を委託した経済指標をインターネット上に公開しているが、その中でも「SNS×AI　鉱工業生産予測指数」には市場予測を上回る精度が期待できるようだ。予測指数の場合は、通常の指数の予測値より1カ月早く知ることができる。実際の値と比較した予測の相関性はエコノミストの市場予測より高い結果も出ているようだ。

やはり、AIに期待されているのは膨大な情報を生かした予測のようだ。以下のような予測も期待されている。

「越境EC　AIで需要・流行予測　千葉工大」（2017年8月1日　日本経済新聞）

まだ研究に取り組みが始まったばかりのようだが、過去の販売データなどから今後流行しそうな商品あるいは流行などを予測して、海外の消費者に売れそうな商品の開発などに生かすことを目指しているようだ。

商品開発だけでなく、既存の具体的な商品の提案も期待されているようだ。

「商品提案にAI　筑波銀」（2017年8月17日　日本経済新聞）

これはマーケティングというより営業寄りの話だが、銀行が所有するカードローンや教育ローンなどのさまざまな顧客情報を生かして提案していくことを目指しているようだ。

実のところ、AIによって何か革新的なことをするというより、これから開発する商品の精度を上げるために情報を効果的に分析したいという観点が目立つ。もう一つは、顧客と商品のマッチングの精度を高めていくための活用だ。

ただ、どの活用もさまざまな情報がデジタルになっていること、しかもその膨大な情報がビッグデータになっていることが前提だ。したがって現在のたとえばリスティング広告（検索結果に表示される広告）、SEM（検索エンジンマーケティング）、SEO（検索エンジン最適化）などのデジタルマーケティング、あるいはデータベースマーケティングには、AIは非常に効果的な道具だと言える。

ただし、この分野はAIによる道具が進化すればするほど、人間というものが必要なくなる。潜在的な顧客の行動を予測し、自分たちのところにきてもらうシステムが発達すれば、介在しなければならない人や会社の数は減っていくことも考えられる。その意味では、デジタルマーケティングの分野は今後AIによる動きが激しくなるかもしれない。

しかし、マーケティングの機能はもちろんそれだけではない。筆者が10年以上おつき合いさせていただいている広告会社ビッグビートの濱口豊社長は、マーケティングを「経営の最高の機能」と定義している。それは自社の未来を1枚の絵にすることだ。説明すると、「自社の顧客たるは誰かを想定し、その最たる顧客が自社サービスや製品を利用した際に発する感動のシーンを一枚の絵にする。その具体的達成の手順、方法を決めること」（濱口氏）だという。商品開発のための情報を集める、最適な提案を顧客にする、市場を予測するなどは、まさしくこの1枚の絵の構成要素の一つで、その手段の一つがデジタルマーケティングだ。何をもって顧客に感動してもらいたいか、そこにいたるまでのストーリーは会社のあり方そのものだ。

経営者の頭の中にある何かを具現化し、ビジネスとして実行できるようにする根本的なところをＡＩが行えるかというと、少なくともそのソリューションは見えていない。

他の分野と同様に、ＡＩはあくまでも提案をするだけである。さらに、デジタルマーケティングを効果的に活用していくための情報リテラシーも必要だ。デジタルマーケティングはＡＩに取って代わられるかもしれないが、マーケティング本来の仕事は他にもたくさんある。道具としてのＡＩを使うポジションに自分自身をおけるよう勉強し、動いていくことが大事だろう。

どこにAIを活用するのか、どこからは人間がやるのかをはっきりさせることも重要だ。デジタルだけで処理できる分野はAIが圧倒的に強くなるので、会社のストーリーやそこにはまる広告などのクリエイティブ、あるいはイベントの企画などにフォーカスすべきだろう。

総務・庶務――ＡＩを待たずして合理化が急ピッチで進む

総務とか庶務など、主に事務系と考えられる職種はどうであろうか。ここでは一緒に扱うが、実際には総務は会社が会社たる動きができるよう環境を整えるのが仕事だが、庶務は一般事務といわれることも多い。

ＡＩ化でなくなる仕事の筆頭として語られる「一般事務」と呼ばれる仕事は、基本的に、この総務などの仕事の一部として考えていいだろう。だが、総務の仕事は一般事務がすべてではない。ＡＩ化で一般事務からどんどん人がいなくなると、単純に総務も遠からずなくなると考えるのは話が飛躍しすぎだ。

総務部があるかどうかは別にして、会社組織がある以上は総務という機能も必要になる。ただし、そこにむやみにコストはかけられないし、それが機能するための手順が複雑になることも許されない。だからこそ、ＡＩが注目されるわけだ。

総務の仕事を考えてみよう。先ほど述べたように、会社の環境を整えるのがメインのミッションだ。固定資産や備品、消耗品の管理、福利厚生、安全衛生、従業員の健康管理、秘書的業務、社内行事の管理、契約管理、ＩＲ、渉外業務などなどさまざまだ。総務がない場合、誰か他の人や部署がやっているはずだ。あるいは庶務担当がいれば、庶務が行う場合もあるだろうが、一般的にはこのような感じだ。一方、庶務の業務は電話対応、来客対応、伝票処理、各種ファイリング、小口現金管理、書類作成などなどだ。

このように多様な業務に対応するＡＩは出てきているのだろうか。現実としては、ＡＩを待たずしてさまざまなサービスが出てきている。ＡＩでなくなる筆頭が一般事務といわれる以前、この10年、20年で一般事務の雇用は減ってきているし、あってもいわゆる正社員の職種は多くない。

電話も仕事で面識があれば携帯電話で直接やり取りすることは当たり前だし、メールやメッセンジャーなど非同期の通信も当たり前になりつつある。来客にしても昨今は受付電話で直接担当者を呼び出すのが一般的だし、お茶なども担当者がペットボトルを持ってくることも普通だ。ますます書類が電子化、システム化する中で、ファイリングの需要もどんどん減っている。どの業務も各社員が自分でやるようになってきているのだ。

しかし、総務の仕事すべてがそのような方向に進むわけではない。直接部門など何かミッションを持っている部署が扱うと、違和感があったり非効率になったりする業務は必ずある。すでに述べた通り、会社の中で必要な機能であるので、部署としてあるいは担当者としての総務は残り続けると考えたほうが自然だろう。

ＡＩとしてのサービスではないが、総務を助けるサービスとしてすでにいくつかのものが出てきている。

「総務は1人で十分こなせる」（２０１６年12月5日　日経ビジネス）

「事務作業も自動化進む　第一生命やオリックス、「ロボ」ソフトで労働時間削減」（２０１７年9月3日　日本経済新聞）

この中で紹介されているスキャンマン（本社：東京都千代田区）という会社では、アルバイトを含めた50人の社員に対して総務は1人だけ。代表電話の対応から案件管理までをこなしている。請求書や見積書などはクラウドサービスで、経費精算はＧｏｏｇｌｅスプレッドシート。労務管理はＬＩＮＥ、その他入出金管理もクラウドのサービスを活用したりして1人で回している。一般に、ベンチャーなどの新興企業のほうが、最初からクラウドを活用しやすい。

総務関係の業務においては、ＡＩ以前の話のようである。考えようによっては、現在の総務や一般事務は、もう少し先の他の部署の状況を先取りしていると言えるかもしれない。では、この部署にいる人たちはどうしたらいいのだろうか。簡単に言えば、自分の興味の持てる他の業務ができるよう、勉強を進めていくべきだろう。

事務作業はIT化、AI化、あるいはさまざまな書類の電子化で自動化が進む。総務という仕事を追うのであれば、会社運営のプラットフォームとして何ができるのか、という戦略的な思考が求められる。また、非定型な仕事とか突発的な仕事はいつでも起こるので人がいなくなることはないだろうが、総務の責任者以外はいなくなる可能性はある。

弁護士――本来の業務だけでなくビジネスをドライブする立場にも

AIがブームになりはじめた時に話題になったのが法務の分野だ。

現在、弁護士業務でAIが活用されているのは、主として判例の収集や分析で、今後の展開が検討されているのが、証拠情報の選定をする業務だ。従来は弁護士ではなく、弁護士の業務を補助するパラリーガルなどの資格を持たない人がやっていた。

当面、ＡＩが脅かすと考えられているのは弁護士の資格を持つ人ではなく、資格を持っていないパラリーガルなどの仕事だと言えそうだ。これらの作業は、どちらかというと弁護士業務の中でも単純な業務であることが多い。ＡＩにふさわしい業務だ。

ＡＩによって劇的に仕事が効率化した時の効果は、単にコスト削減だけでなく、新しい分野の仕事など、将来への展開につながる。ＡＩが弁護士の仕事のやり方を変えるだけでなく、ＡＩが新たな弁護士の活躍のフィールドを広げる例もある。ＩＴエンジニアがＡＩを使うシステムの開発などで、新たに活躍の場を広げるようなものだ。

「ベンチャー支えるU35弁護士　助言よりも当事者に」（２０１７年5月10日　日本経済新聞）

「業界初！クラウド上で契約書の作成から締結・管理まで一貫、契約書作成・クラウド締結システム「Holmes」が提供開始」（２０１７年8月21日　Excite News）

新しいテクノロジーを扱うベンチャーにとって法律関係の業務は重要なポイントだ。最近盛り上がりを見せるシェアリングビジネスもその典型で、既存の法律には当てはまらない業務が次々に生まれる。そして、成功する企業ほど、法的な問題は避けて通れない。それは単に、法的に問題がないようにビジネスを進めるのではなく、ルールづくりにかかわるという積極的な意味合いも出てくる。

そして、企業の大小を問わず契約書はついてまわる。トラブルがない時はいいが、トラブルが起きた時に契約書の重大さがわかる。だが、法務担当者を雇うことも、顧問契約をする余裕もない中小企業には負担が大きい。法務担当者がいる企業でも、定型的な契約書作成はもはやルーチン業務で、それ自体の付加価値は高くない。

前記の記事のようなサービスが出てくるということは、弁護士や会社の法務担当者はもっと他の業務にシフトすべきということだろう。

ベンチャーがＩＴによる新しいサービスを次々に展開する中で、アドバイザーや顧問として新たなビジネスにかかわるのではなく、ベンチャーの社内弁護士として参加する若い弁護士が増えてきているようだ。大手企業も、新規事業をやるうえでは法律の専門家を求めている。

自分の仕事をより効率化するために、ＡＩを活用するのはもちろんのことだが、ＡＩに新しいビジネスの地平を開いていくチャンスは、案外エンジニア並みにありそうだ。そのためには、法律の専門家としての知識以外に、ＡＩのみならず新しいテクノロジーにも詳しくなっていくことも、今後活躍するためには必要になるだろう。

どのような立場の弁護士にせよ、クライアントを助ける本質の業務にフォーカスするためにも、テクノロジーに任せられるところは任せられるＡＩの活用を考える時期ではないだろうか。

第4章

企業とテクノロジー、組織と個人の関係について

ここまでは、主にＡＩの進化と個人の職業の直接的な関係を中心に考察してきた。しかし自分で事業を始めない限り、その雇用は会社に依存する。会社がきちんと事業を進めなければ、当然そこに雇用も発生しない。企業のビジネスを直接的に左右するのは、個人のテクノロジーの活用の巧拙ではなく、会社の経営判断が一番大きい。

また、好景気と不景気の波にも影響を受ける。２００８年のリーマンショックの時には数多くの企業が倒産したが、こうした大きな波を社長の経営手腕で乗り切り、さらに事業を発展させることもある。

だが、テクノロジーの進化が会社やその業種にどのような影響を与えるかは、場合によっては、これらの大きな景気の波や社会情勢の変化より大きく、かつ不可逆的だ。言い方を変えれば、テクノロジーの進化が、その会社やその会社がいる業種そのものを時代遅れにしてしまうということだ。

いくら自分が会社で求められる人材になっていても、ＡＩによってその会社が業界から退場することになったりしたら、個人の努力は水泡に帰す。つまるところ、自分は伸び盛りの業界にいるかどうかという、個人の立ち位置も考えなくてはならない。

テクノロジーによる企業の栄枯盛衰

一般にテクノロジーの影響はじわじわときいてくるため、今日、明日にでも業務が脅かされるわけではない。しかし、その流れに乗り損なえば企業は衰え（場合によってはなくなり）、逆に流れに上手く乗れば企業は大きく成長する（結局は、そのテクノロジーについて判断する目があったか、ということになる）。そのように、新技術が発達したことである産業が興り、別の産業が消滅するということは、これまでもごく普通に起きてきた。

業界地図が書き換わった例として話題になるのが印刷業界で、その中でも大きな変化だったのが写真植字（以下、写植）だ。写植が使われていた時代は、印刷原稿の文字をフィルムから印画紙に焼きつけて現像し、印刷用の文字原稿を作成する。機械は高価だし操作をするのは熟練の職人だ。

現在、たとえば本を出版するとして、著者がワードなどの文書作成ソフトで原稿をつくったら、パソコン上のＤＴＰ（デスクトップパブリッシング）ソフトで誌面をつくっていく。そのための設備も高価ではない。比較的安価なパソコンでも、アドビ社のInDesignというＤＴＰソフトを月払いで安価に使用することができる。

1998年ころからDTPが一気に普及したために、現在は「写植」そのものをやる会社は残っていても、「産業」というくくりでの写植はなくなってしまった。

この変化は、単に写植の職人の仕事がなくなったということにとどまらない。写植をやる会社からDTPをやる会社に変化できたところであれば、写植職人はDTPのオペレーターに鞍替えし、間接部門の人であればそのまま会社で働き続けることができるだろう。しかし、この変化に乗れずに会社が倒産してしまえば、全社員の雇用がなくなる。

また、この写植からDTPへの変化で、写植の時代には組版システムで最大手だった会社が、2番手の会社に取って代わられてしまったことも業界内ではよく知られている。フォントといってもあまりなじみがないかもしれないが、出版社、印刷業界はフォントに強いこだわりを持っている。当初、DTPにはプロが求めるようなフォントがなかったが、そこに積極的にフォントを提供したのが写植業界で2番手だったモリサワだ。

テクノロジーの波に上手く乗ることができれば、一気に業界地図は書き換わり、そこに雇用されている人たちは、よくも悪くもその波に巻き込まれる。

フィルム業界の例もよく話題になる。カメラ機材の側では、フィルムカメラ時代のキヤノンやニコンなどのメーカーが今でも活躍している。一方のフィルム業界は様相が異なる。

大きな話題になったのが2012年のコダックの破綻だ。フィルムから脱却できなかったコダックは破綻したが、富士フイルムは自社のコア技術を上手く活用し、変化に対応して成功している。対象的なこの2社の状況についてはすでに多くの考察がなされているのでここでは触れないが、テクノロジーがもたらした時代の変化に企業として対応できたか、もっと言えば上手に生かすことができたかの差だと言える。

意外な技術が急にAIで生きる時代

もともとは別の目的で開発していたものが、状況の変化で急に別の部隊の主役級をはることになることがある。AIに関して言えばアメリカのGPUで有名な半導体メーカー、NVIDIA（エヌビディア）社がその典型だ。筆者が専門とする3D CADなどにかかわっていると、NVIDIAはよく知られた会社だ。ただしAI絡みではない。3D CADや3D CGでは、一般的に「CPU（中央演算装置）」ではなく、「GPU（画像処理装置）」と呼ばれる画像を処理するICチップで3Dのグラフィックをリアルタイムに素早く処理する必要がある。これまでは、パソコンの心臓部を担うCPUをつくるインテルのような会社が中心だったが、AIが注目されるようになってから、一気にNVIDIAが注目を集めるようになった。どのGPUを選ぶかは業務の効率にもかかわるので筆者もNVIDIAは知っていたが、AIとNVIDIAの関係についてはすぐにはわからなかった。NVIDIAがAI時代に注目されているのには、ちゃんとした理由がある。

CPUは紛れもなくパソコンの頭脳であり、頭脳がなくては始まらない。CPUが処理しなければならないのはOSからの処理、その他マウスやキーボードといったアプリケーションに関係ない操作、個別のアプリケーションの処理など多岐にわたる。高級なCPUになるクアッドコア（4コア）やヘキサコア（6コア）といって、複数の業務を同時にこなせる。

それに対して、GPUは3Dの画像処理だけを行っていればよい。その代わりに画像が遅延しないように、すごい容量のデータを人海戦術で同時に処理する必要がある。同じICチップでもCPUとGPUではやることが違う。

CPUはちょっと高級でも6コアという話をしたが、GPUでは4000コアなど桁がいくつも違っている。実は、この構造が今のAIには向いているのだ。複雑な推論をするのではなく、大量に入ってきたデータを遅延なくこなしていく。やることは単純だが、同時並行で多数こなす。それが、AI時代にNVIDIAを注目させた理由だと言える。

もちろん、この優位がいつまで続くかはわからないが、AIによって注目されたことは間違いない。このようなことはなかなか自社だけでコントロールできない時代の流れに影響されるものだが、AIの技術、AIの活用という観点から、何らかの形で自社の技術やサービスが生かせないのかということを考えてみてはどうだろうか。会社としても、その会社の従業員としても。

会社も組織も変化するものだけが生き残る

AIもIoTも、あるいはロボットにしても、根本的には汎用的な技術だ。そのため、AIそのものが産業構造を大きく変えるというよりは、たとえば印刷業界におけるDTPのようにAIを使ったキラーアプリケーションが出てきて、それが急速に受け入れられた時に大きな変化が起こる。そのような動きを主導するのでない限り、他の企業はその変化を受け入れるのか、それとも退場するのかという選択を迫られる。会社自体が、大きな変化というストレスフルな状況をくぐり抜けなければならない。

しかも、大きな変化が起きる時は、既存の優良企業もそれまでの優位性をいったん捨てたうえで、自社の持つ価値を上手く生かして新たに事業を組み立てなければならない。つまり、多少アドバンテージのある新規参入企業として、他の新規参入企業とも競争しなければならない。

その状況にいたっては、そこで働く個人も変化を迫られる。特にその会社で稼いでいた直接部門の人ほどそうだ。変化できない会社が産業から退場を迫られるのと同様に、変化できない個人もその会社から退場を迫られる。もはや仕事がないのだ。逆にテクノロジーが及ぼす変化に対応できる個人であれば、変化できない会社に見切りをつけて、変化できた別の会社、あるいはその業界に新規参入した会社に参加したり、場合によっては自らが起業したりすることも可能だ。

会社としても個人としても、新規産業やその産業の中で求められる新たなテクノロジーに習熟することには大きな意味がある。その動きに先行すればするほど、競争は少なく先行者利益は大きい。もちろん、思ったよりも伸びないということのほうが多いかもしれないが、新たな動きを常に見ながら自分が変化することは重要だ。

時代が求めているところに人は移動する

今やＡＩ自体が一つの産業だと言える。しかも、前述したようにＡＩは汎用の技術である。医療、家電、自動車などのさまざまな産業、あるいは財務、法律、設計をはじめとするさまざまな職種で活用するためのツールの開発が、現存するありとあらゆる産業で求められている。たとえば、自動車の動力は現在主流のガソリンやディーゼルといった内燃機関から、確実に電気へと変化しつつあるが、ガソリン車という観点で見れば完成の域にあると考えていいだろう。もちろん、今後は電気自動車の開発という観点でハードウエアの面の進化も進む。実際、２０３０年もまだガソリン車が主流だという予測もある中で、世界各国のメーカーも電気自動車の開発に余念がない。

ＡＩを搭載した自動運転車の開発は急ピッチで進んでおり、そこに必要な技術者も継続的に必要だ。ボディーにせよ、動力源にせよ、すでに存在しているものについては、あえて言えばそのレベルの高低はあれ「改善」のレベルだ。しかし、「人工の運転手」は、これまでにない存在だ。すでに自動車などの製品に占めるソフトウエアの割合は上昇するばかりだが、ＡＩとなると一段上の取り組みになる。

だから、どのメーカーも必要な技術者が足りないと考えているようだ。トヨタが東京・立川と神奈川・川崎を結ぶ鉄道路線の「南武線沿線に勤めるならシリコンバレーより南武線エリアのエンジニアがほしい」とか、「(南部線沿線の)電気機器メーカーに勤めているならぜひトヨタへ」という刺激的な求人広告を出して話題になった。もちろん電機メーカーも動きは激しい。NECはAI関連人材の確保に力を入れており、2020年までに7割増しの1000人規模を目指しているとの報道があった。

もちろん、人はやりたい仕事をやるべきだ。その一方で、雇用されるという形態にせよ、自分でビジネスを始めるという形態にせよ、世の中が大きく動いている方向に仕事もニーズも発生する。だから、個人も会社も常に世の中の動きを見ながら変化することが、仕事を維持することにつながると考えてよいだろう。

AIの影響は技術以外の全職種に及ぶ

エンジニアのような技術職であれば、その時々のトレンドに合った技術を習得する努力をすればいいかもしれないが、たとえば営業やマーケティングといった職種の場合はどうすればいいのか、という声があるかもしれない。

産業構造の変化も進んでおり、かつての第1次産業、第2次産業、第3次産業といった区分けはもはやあまり意味を持たない。たとえば、メーカーでも自社のウェブサイトなどを通じてサービスを提供するし、商品を直販することも珍しくない。場合によっては、生産はOEM（相手先ブランドによる生産）で自社は商社化している場合もある。農業でも、農産物の生産から加工食品の製造、さらに販売まで、川上から川下までを一体として業務を進めていく「6次産業化」が進行しており、行政もその動きを後押ししている。

肝心の農業生産に対しても、すでにかなり以前から「農業IT」という言葉が使われている。従来は工業製品の製造工程に用いられてきた効率化や品質管理の技術を活用したり、工業製品をつくる「野菜工場」のような環境で農作物をつくったりする試みが出てきている。産業と産業の間にあった垣根がなくなってきているのだ。

日本ではまだまだ議論が絶えないライドシェアリングサービスの「Uber」や民泊仲介サービスの「Airbnb」などは、従来の運送業や宿泊業がITと結びつくことで新しい業態のビジネスになっている。今後は、どの産業でも自動化や効率化、あるいは新しい着想による新規事業の創出など、あらゆる側面でAIの活用が求められることが予想される。

つまり、どの企業でもＡＩを活用した新しいビジネスが生み出される可能性がある。当面の間、私たちが相手にするのは「弱いＡＩ」なので、たとえばマーケティング担当者は調査の業務ではＡＩの力を借り、最終的に意味のあるインテリジェンスに仕立てあげる。ＡＩに任せられるところは任せて、効率的に仕事を進めることが標準的になるだろう。

どの会社でもＡＩを活用したサービスを始められる

ＡＩが変えるのは個人よりもむしろ企業のほうかもしれない。ごくごく狭い範囲に特化した「弱いＡＩ」を使ったサービスは、実はほとんどの組織に対してメリットがある。会社がＡＩをビジネスに取り入れる場合、２つのケースがある。

ひとつは、自社の業務にＡＩを使っているサービスを活用することだ。一般的には、ＡＩの活用といえばこのケースを想定することが多い。つまり、ＡＩが従来の人間のタスクに取って代わったり、あるいはそこまでいかなくても人間の従業員のアシスタントになったりするケースだ。この用途が一般に、ＡＩが従業員に取って代わることの危惧の原因だ。だが、企業にとってのＡＩの活用方法はこれだけではない。

もう一つの活用方法は、ＡＩを活用したサービスを自社の製品やサービスとすることだ。この数年、さまざまなＡＩを活用したサービスのベンチャーが立ち上がっている。このようなことが可能になってきた背景の一つに、自分でゼロからＡＩのエンジンまで開発する必要がないことがある。ＡＩに限らず、最近多数あるクラウドベースのサービスでは、そのすべてを自社でまかなうことはほとんどない。たとえば、数多くのクラウドベースのサービスが、ＡＷＳ※を使っているのは周知の事実だ。同様に、ＡＩにおいてもＩＢＭのWatsonやAmazon AIなどのサービスで自然言語理解、自動音声認識、視覚検索およびイメージ認識、音声変換、機械学習などを、スキルさえあれば誰でも利用できるようになっている。

つまり、これらのプラットフォームが対応しているものであれば、この上に自分たちのアプリケーションを構築してサービスとして提供することができる。

今後もＡＩによる開発の環境はさらに充実しそうだ。２０１７年8月には、ソニーがディープラーニングのプログラムを生成できる統合開発環境「コンソールソフトウエア：Neural Network Console」の無償提供を開始したことを発表している。

これは非常に重要なことだ。自分たちがこれまで提供してきたサービスの一部、あるい

※　AWS（Amazon Web Services）　Amazon.comが提供しているクラウドコンピューティングサービス。ストレージはもとより、コンテンツ、データベース、アプリケーションなどさまざまなサービスをワンストップで提供している

は自分たちがつくっているサービスを開発する時に使っている技術やサービスを、ＡＩのサービスとして外販することも考えられるのだ。

たとえば、自分たちの会社が工業製品の開発から販売、設計、あるいは試作、量産などの製造業務を行っていたとする。あるいは、それらの業務を設計外注として受けるサービス業務をやっていたとする。従来は、製品を無事に設計し終えて図面やデータを納品したり、試作を行ったり、または最終的に販売することではじめて売上げがもたらされる。

もちろん、それ自体はそれで悪いことではないし、専門分野のものであれば自社にノウハウが蓄積していき、それ自体が強みになる。普通に考えれば、ノウハウは自社で秘匿して自分たちの強みのままにしておきたいと考えるだろう。

とはいえ、よほど自分たちがニッチで特殊な技術を持っているのではない限り、世界中のニーズを1社で引き受けられるわけではない。

どうしても外に出したくないものは別にして、その製品を開発していればごく当たり前のノウハウでも、ちょっと分野を外れると意外に知られていないものはいくらでもある。あるいは、業界人でも不勉強であれば知らないこともある。

たとえば、そのような悩みを相談できるＡＩのサービスをつくることもできる。つくりたい製品の形状をアップしたら、そのよし悪しの判断を人間ではなくＡＩに任せるなどだ。秘密保持が必要であれば、そのような契約をすればいい。

他の分野でもそれは考えられる。たとえば農業ではＩｏＴなどの普及もあって、特に若い農家でＩＴを積極的に活用する動きが見られる。センサーで情報をとったり、画像認識を利用したりすればより効率的な作物の育成ができる。そのような比較的単純なシステムをつくるだけでも、これまで経験に基づいた農業をしてきたことを考えれば、十分効果のあるものになるだろう。自分の農場での経験が蓄積されてきたところで、たとえばそのシステムを外販するのだ。

日本の農業は高齢化が進み、耕作放棄地も増えている。現時点ではまだまだ参入障壁も大きい。しかし、今の農家の中でも行動する農家も出てきている。自分のところだけ効率化しても、その影響が及ぶ範囲は自分のところだけだ。

ＡＩを活用したシステムやアプリケーションは、大資本や大量の人員がいるところでしか開発できないものではない。むしろ有用なのは、特定のニーズに特化したアプリケーションだったりする。それには、逆に小資本で小回りがきいたほうが有利だ。ＡＩはむしろ、自社のビジネスの幅を広げ、さらには新しい雇用を生み出す可能性がある。

自社内、組織内に誇れるノウハウがあれば、それは商品になりうる。単にＡＩを使ったアプリケーションを業務の効率化に使用するだけでなく、一歩進んで、自社がＡＩのサービスを提供する側として参入する可能性についても、考えてみてはどうだろう。

百花繚乱のＡＩ関連技術とサービス

ＡＩは人間が日常的に行っているさまざまな作業やサービスの一部を置き換えているため、関連する産業の裾野が広い。では、現時点で実際にどのようなサービスが広がってきているのだろうか。その内容はさまざまだが、業務や日常で考えうる多くの分野に広がってきている。

「ＡＩＮＯＷ」(http://ainow.ai/) というウェブサイトが、ＡＩを活用した32カテゴリー、全２３２サービスを「ＡＩサービスマップ2017 Summer」で発表している（本書執筆時）。２０１６年版では23カテゴリー、79サービスだったため、この1年で提供されているサービスは２・９倍に増えているということだ。

もちろん、この分野の動きは激しいため、短命に終わってしまうサービスも多々あるだ

AIが活用されているサービス一覧

サービス事業		プラットフォーム	
カテゴリー	サービス数	カテゴリー	サービス数
HR	15	Fintech	6
SNS	5	コンシェルジェ	10
VR	3	チャット	25
アート	4	分析＆改善	16
グルメ	5	メディア	13
ゲーム	2	ロボット・ロボティクス	5
ファッション	5	音声解析	5
フィットネス	6	画像解析	10
マッチング	5	感情認識	2
マップ	2	機械学習	8
医療	5	広告	6
営業支援	7	自然言語解析	7
教育	7	マーケティング	10
業務効率	9		
小売	2		
農業・製造	3		
不動産	16		
翻訳	2		
旅行	6		

「AI—人工知能　業界サービスマップ2017年最新版」（AINOW）より(2017年9月4日現在)

ろうが、それだけAIを使ったサービスの開発に注目が集まっていることも確かだ。具体的には、サービスが拡大している分野とサービスの数は、「AINOW」から筆者がまとめた表を掲載するが、詳細についてては同ウェブサイトをご覧いただきたい。

会社の業務関連のサービスということではHR、営業支援、業務効率、農業・製造、翻訳、それにマーケティングや広告などでの利用だ。分析&改善、ロボット・ロボティクス（ロボット工学）なども関連する場合があるかもしれない。自社で何かサービスを開発するのであれば、画像解析や機械学習などのプラットフォームが使えるかもしれない。

日本国内だけでもこの1、2年で急速にサービスが増えてきているのは間違いない。一方で、これまで見てきたように、従業員の仕事を全部奪ってしまうようなサービスは提供されていない。今後日本では人手不足が進行していくであろうことを考えると、むしろ業務を肩代わりをしてくれるサービスが少なすぎるくらいだ。

自動運転車の開発には大きな雇用が生まれる

自動運転車が現在の運転手の仕事を奪ってしまう可能性についてはすでに言及したが、その一方で、その開発においては多くのエンジニアを必要とする。つまり、自動運転車の開発を進めるうえでは多くの雇用が生まれる可能性があるということだ。

デンソーやアイシン精機といったトヨタ自動車グループ各社は、2020年前後に完全な自動運転車向けの技術や製品の市場投入を目指しているようだ。トヨタ自体が2020年ころには高速道路で、また2020年代の前半には一般道における自動運転車の実用化を目指しているため、トヨタグループ各社の動きもそれに合わせたものになる。

自動運転車の開発に必要なのは、これまで自動車産業が強かった分野のスキルではない。自動車本体の機能強化や改善ではなく、運転手を模倣した「人工の運転手」をつくる技術だからだ。そこには、周囲にいる人やモノの状況、ひいてはそれより広域の情報を把握するための技術、それを適切に認知しどのように判断するかという技術、そしてその認知された内容に対して適切にリアクションする技術が必要となる。さらに、これらの技術が自動車という人の命にかかわる複雑なシステム上で信頼性を持って連動しなければならない。

もともと、自動車産業は関連する産業や会社が非常に多い、裾野の広い産業であったが、今後はＩＴ関連を中心にさらに広がる可能性がある。そして、新たに参入できる可能性も増える。前述のＮＶＩＤＩＡなどはその典型的な例だ。認知した情報の処理をしたうえで、自動車を制御するのもソフトウエアの仕事だ。

現在、中小の製造業はもとより、大手でも今後伸びていく分野に進出するためのエンジニアが圧倒的に不足している。自動車関連の産業だけでも、今後必要な雇用の数はさらに増える可能性がある。企業としても今後のビジネスチャンスがあるし、一人ひとりの従業員の立場としても大きなチャンスがあるだろう。

第5章

AIに対する自分の耐性をチェックする

第3章では、さまざまな職業を類型化したうえで、それぞれの分野におけるＡＩ活用の状況をニュース記事の情報をベースに検討した。また、それぞれの職業で具体的にどのような個別の職務や作業があるのかも確認した。

というのも、たとえば「マーケティングの仕事はＡＩと相性がいい」とか、「経理や税理士はＡＩに取って代わられる危険性が高い」といったところであまり意味はない。特定の機能に特化した「弱いＡＩ」しか存在しない今の世の中で、ＡＩの脅威といってもあくまで漠然とした不安にすぎないため、議論のしようもない。

そのことをふまえ、各職業において現状でＡＩができていること、できていないこと、将来への見込みやどのようなことを考えるべきかを簡単にまとめた。

第4章では、ＡＩとの関係を個人だけではなく、個人が働く企業や組織、そして産業にまで広げて考えてみた。現代社会では、多くの人は企業など何らかの組織に属することでその職業を成り立たせているからだ。ＡＩは当然、働いている個人だけでなく働いている企業にも大きな影響を与える。その会社全体に与える影響、会社のオーナーに与える影響、会社で働く個人に与える影響はイコールではなく、ある場合はＡＩを使った製品のサービスのおかげで会社は大発展を遂げるかもしれないが、逆にＡＩがもたらした環境の変化で会社の業績が急激に落ちて倒産するかもしれない。そうなったとしても、ある分野の仕事のプロとして実績があり、ＡＩをはじめとして最新のツールにも明るくて使いこなせる人材であれば、次の勤め先はすぐに見つかるかもしれない。

つまり、「○○をやるＡＩが登場したので、この職種は消滅する」といった考えは極端すぎる。危機感を煽るには有効だが、それでは自分の将来を考える役には立たない。

それらをふまえたうえで、この章ではどうすればＡＩ時代を生き残ることができるのか、各個人の判断基準について考えてみたい。

ＡＩから逃れられる特別な仕事はない

これまで見てきたように、現在の会社のさまざまな職種において、何らかの形でＡＩを活用したサービスがまったく提供されていない分野はほぼない。ガートナーのレポートで予測されているように、ＡＩを活用したさまざまなテクノロジーは、今後もっと透過的に、もっと密接な形で私たちの生活に、そして仕事にかかわってくることになる。それは、いかなる職業でも同じだ。一般の人に一番身近なテクノロジーといえばパソコンであり、スマホであり、タブレットとこれらのツール上で動いているソフトウエアだ。もはや、ITツールを何も使わずに仕事をしている職場はほとんどないだろうし、それなしでは仕事がまわらないというのが現実だろう。

これから社会に出ていく大学生、あるいは高校生たちは、シンギュラリティ（技術的特異点）が到来するという2045年にはまだ現役で働いていることだろう。当然、AIに奪われるような仕事にはつきたくないと考えるだろうが、これまで述べてきた通り、ある日出社したらあなたの机にAI搭載の人型ロボットが座っていて、上司から「君の仕事はもうないよ」と言われる状況はおそらく発生しない。当面の間は。

だが、あなたが使う道具の中にAIを活用したものがどんどん増えてきて、いつの間にか、それなしでは仕事が進まないという状況が訪れるだろう。今の職場におけるパソコンの存在と同じように、AIを使いこなさなければ仕事をしていけないようになる。その意味では、AIの影響から逃れられる特別な職場はどこにもないと言えるだろう。

そこで、ここでは自分の仕事がどのくらいAIの侵食を受ける可能性があるかを検証していく。これが完全なものではないことは承知しているが、以下の質問に答えることで、ある程度は自分なりに判断するためのヒントになるだろう。

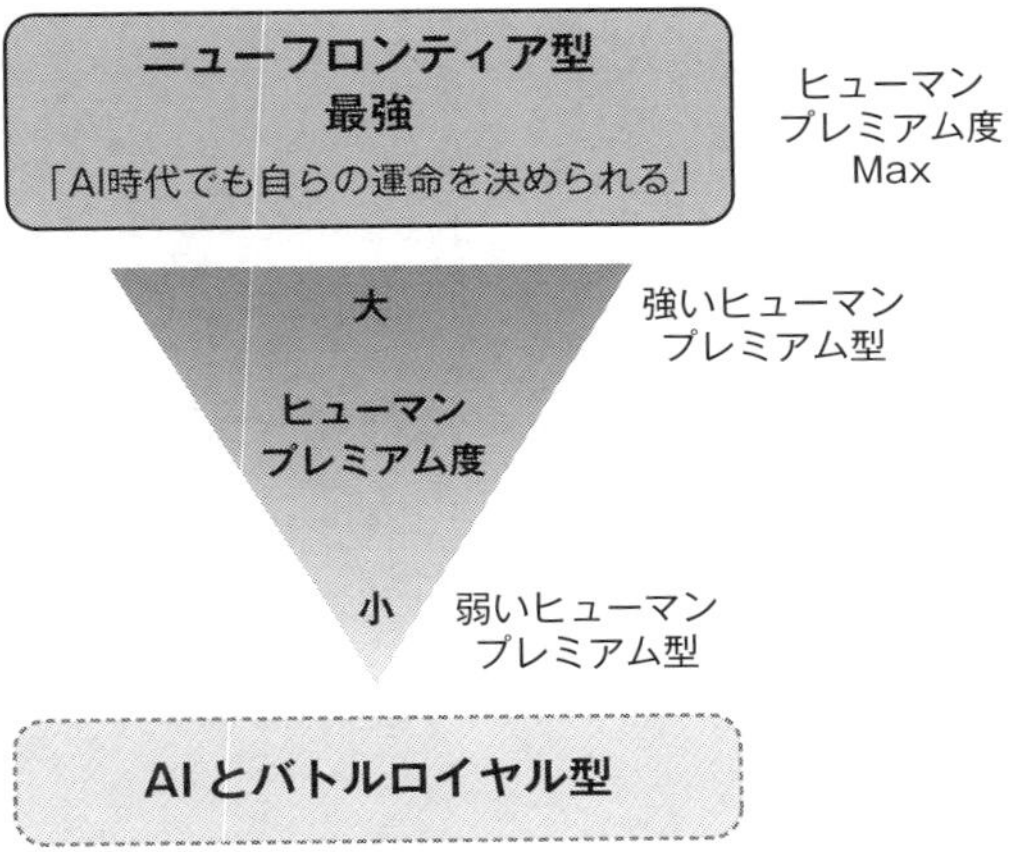

これまでも解説してきたが、ＡＩ時代に生き残る方法は簡単に言って2種類だ。一つはＡＩを道具として使い、自分の人間としての価値を職務の中で生かしていくようにすることだ。これを「ヒューマンプレミアム型」と呼ぶ。もう一つは、ＡＩを道具として使うだけでなく、ＡＩ自体をビジネスにすることでＡＩを一段上の立場で活用することだ。これを「ニューフロンティア型」と呼ぶことにする。

両方が含まれる場合もあるし、同じ職種でもヒューマンプレミアム度が比較的低い仕事から高い仕事までさまざまだろう。そこは、自分の仕事がそこに当てはまるのか当てはまらないのかで判断してほしい。ヒューマンプレミアムにカウントされるものが多ければ多いほど強いヒューマンプレミアム、少なければ弱いヒューマンプレミアムと考えてよい。少し厳しめに考えたほうが、自分の気持ちを引き締めるにはいいかもしれない。

以下の質問に当てはまらなかった場合、直近では問題ないかもしれないが、中長期的にその職種は衰退していくことが考えられる。ひょっとしたら、何か別の道を考えたほうがいいかもしれない。これを「AIとバトルロイヤル型」と呼ぶことにする。

判断のための質問は全部で10個。それに応じて、これからやるべきことのヒントを筆者のごく私的見解で分類しポイントをつけた。総合的なポイントが高ければ今のところは大丈夫かもしれないが、欠けているところにフォーカスして、その分野を強めていく方向で自分のスキルアップや、進むべき分野を考える必要はある。

1 自分はビジネスのオーナーだ

資本主義社会における「仕事」は、単に食い扶持を得るための手段というだけではない。ビジネスを行って「収益」を上げるための手段でもある。そして、あるビジネスを所有して推進していくのは人間だけだ。人間がもっと儲《もう》けたいと考えてビジネスを行うからこそさまざまな仕事、さまざまな職種があって多くの人が仕事をしている。

前述したように、場合によってはＡＩが本当に１つの職種を消し去ってしまう可能性もあるが、その中で、仕事の中にどこまでＡＩが入ってきても大丈夫という「聖域」がある。それがビジネスのオーナー経営者だ。

会社やビジネスの規模は問わない。大事なのは、自分が確かにビジネスを所有しているかどうかだ。それによって有利なことが２つある。１つは、利益を生み出すための「手段」を自分で選択できることだ。その一方で、自分自身に代わる存在はない。人間を雇用し続けることも、より便利になるＡＩを導入することも自由に選択できる。オーナー経営者が職場から追い出されるのは、自らのビジネスの失敗によってのみである。

もう一つの利点は、これからの新しいビジネスと自分のビジネスを結びつける新規事業を始める自由があることだ。これからの新しいビジネスとは、やはりＡＩをはじめとする先端的なテクノロジーであろう。もちろん、すべてのビジネスとＡＩを結びつけられるわけではないが、先端技術を自らの味方になるように取り入れやすい立場にある。

ニューフロンティア度　＋１

2 自分の仕事を一言で説明せよと言われても難しい

どんな仕事がＡＩにお願いしやすく、そしてどんな仕事がＡＩにお願いしにくいだろうか。お願いしやすいと考えられるものの一つに「運転」がある。自動車の運転と、それに必要なスキルや機能は明確で、コンピューターが扱えるよう定量化もしやすい。

しかし、世の中の多くの仕事はそうではない。たとえばあなたがマーケティングのプロフェッショナルで、ある会社にマーケティング部のマネージャーとして雇われたとする。経営者はあなたに期待することについて話すかもしれないが、別に事細かにやることを指示するわけではない。個別のタスクはあなた自身が定義し、実行し、そこに必要なリソースを手配して割り当てることを期待される。「私の仕事はマーケティングです」ということは言えても、個別の作業は実にさまざまで、一言で説明するのは困難だ。

また、新規事業開拓は何もないところに道を切り開いていくような作業だ。そこにいったいどのような作業が必要なのか、役に立ちそうな情報を探し、仮説を立て、プランをつくり、必要なものを手配し、事業を遂行する。最終的に個別のタスクまで落ちた時点では具体的だが、全体としてみると抽象的な存在という仕事はたくさんある。

現在の弱いＡＩは、誰でもわかる具体的なレベルにまで指示を定義してやれば高いパフォーマンスを発揮するが、そうでなければ少しの仕事も任せることはできない。人間であれば、能力のある人なら仕事を「丸投げ」してもどうにかしてくれる。しかしＡＩにある業務を頼みたいと思っても、そのＡＩサービスが対応していなければどうにもならない。やってもらえるとしても、「なんとなくよろしく」ではなく、具体的に指示しなければならない。

同じ部門で働いているのであれば、その役職が高いほど仕事の抽象度は高くなる。高位のマネージャーは、状況から情報を抽象化して重要なポイントを見つけ出し、具体的なタスクに落とし込んでいく。あるいは、経営者の必ずしも具体的ではない指示を具体化してやるべきことを定義したり、部下がやらかした突発的なトラブルの尻拭いをしたり、やることは多方面でさまざまだ。人間の担当者でもこれらの業務をきちんとこなせるとは限らないが、ＡＩにはあいまいな業務をよろしく解釈してやってくれるサービスはない。

マネージャーではなくても、正直いつも何をやっているのかはよくわからないが、何かあった時にはとても頼りになる人、いなくなるとたぶん困るだろうという人がいる。あなたの会社にもそういう担当者がいるかもしれない。

そういう立場の人をＡＩが直接どかしてしまうことは当面ないだろう。ただし、別の有能な人がその職を奪う可能性はある。

▼ヒューマンプレミアム度　＋１

3 人間の「判断力」が強く期待される仕事か

最近提供されてきているサービスの例として、第３章でＡＩによるガン診断の例を挙げた。また、マーケティングや人事でもある程度はＡＩを活用できそうだと説明した。

とはいえ、ＡＩがやってくれるのはあくまで提案であり、助言である。その分析の結果や助言の結果を妥当と判断し、次の行動へとつなげるのかどうかは人間だ。これまで解説してきた通り、現在のＡＩは「その分野の仕事にある程度精通している人間が使う」ことが前提になっている。

人がアドバイスや提案を受けたりした時、何を基準に助言を受け入れたり、否定したり、一部だけ受け入れたりなどと決断するのだろうか。まず、助言者に対する信頼があるかどうか。もう一つは助言者がその分野に対する知見を持っているか。さらに、その助言が自分の会社の経営のあり方に沿っているのかが考慮される。

1人で始めたビジネスが成長してくると、組織は複雑になる。そこで社長は、できる限りAIなどを活用したサービスを使ってAIベースのアドバイザーを得たとする。HRtechのシステムが人事に関する助言を与え、財務システムがある程度は面倒な経理の業務をやってくれるかもしれない。だが多くの場合、社長は人事や総務、あるいは経理にはそれほど詳しくない。システムからアドバイスを受けても、それが信頼に値するものかどうかを自信を持って判断できるわけではない。一番肝心な、判断し決定するという部分については、経理や人事の分野で経験があり、経営の観点からもしっかりとした知見を持ちうる人間が引き続き必要となる。

もう一つ、会社の業務を助けてくれるさまざまな種類のAIツールやAIサービスを、自分の組織に合わせたものに仕立て上げなくてはならない。より精度の高い仕事をしてもらうには、AIに学習してもらうことが不可欠なのだ。比較的学習させやすいものもあるし、どのような人を採用したいのかという定量化の難しいものもある。AIにいったい誰が教え込むのかという課題もある。

つまり、その会社について教育することではじめてその会社なりのAIになる。経営者をそのすぐ下で支える各部門の責任者たちは、その教育係の役割を担っている。「ＡＩ使い」とも言うべきポジションの人間が当面は必要になるのだ。

▼ヒューマンプレミアム度　＋１

4 人間が責任をとることを期待されている仕事か

ビジネスには何らかの責任がついてくる。注文書をもらったり契約を交わしたりすれば、約束した通りのモノやサービスを提供する責任がある。従業員も雇い主に対して期待されたパフォーマンスを発揮する責任がある。会社の業務では、そのポジションにかかわらず、何も責任がないということはおよそない。その責任の重さがさまざまだというだけだ。

基本的には、責任は会社におけるポジションが上になるほど高い。下のミスは上の人がカバーできるが、ミスした人のポジションが上になればなるほどそれも難しくなる。

また、職位と関係なく、その職種によっても責任が発生する。たとえば自動車などの人の命にかかわる工業製品であれば安全に最大限配慮する必要があり、製造者責任などを意識しなくてはならない。経理の仕事をしていれば、経営者だけではなく経理の担当者も税務申告書への捺印が求められる。

およそさまざまなことに責任がつきまとうが、現在のところその責任を負うことができるのは人間だけだ。3DCADなどを使った設計業務において、最近ではその部品の使用条件に応じた最適な形を提案させる「ジェネレーティブデザイン」などという機能も出てきている。だが、最終的にその形を採用するのか、その形をベースにどのような最終形状に仕上げるのかを判断するのは人間の設計者の役割だ。

つまるところ、ソフトウエアはたぶんこれがいいという案は出してくれるものの、その案に対する責任をとってくれるわけではない。設計者はその案が本当に技術的に適切なのかを検証し判断する必要がある。

また、仮にその形状が最適なものだったとしても、なぜそのような形状なのかをきちんと理由づけられなくてはいけない。前述したが、今のＡＩの問題点の一つに、ＡＩがブラックボックスになってしまい、なぜそのように提案してきたのか根拠がわからないということがある。根拠を示さなくてもさして問題がないケースもあるかもしれないが、多くのものには根拠が求められる。

製品設計でいえば、製品に何らかの欠陥があり、その欠陥が原因で人が怪我をしたとする。なぜそのような設計をしたのかを問われた時に、「ソフトがそういう設計がいいというので、そうしました」という答えはありえない。ＡＩは責任を負えないからだ（仮に負えたとしたら、それこそ人の存在価値がなくなってしまう）。

医療についても同様のことが言える。ＡＩは医師の診断をアシストするほど発展してきているが、だからといってＡＩが直接患者に診断や治療方針を下すことは期待されていない。また、できるほど能力が成熟していない。仮に能力がもっと成熟してきたとしても、診療を完全に任せるようになるには、ＡＩが医療を受ける側から完全な「信頼感」を得る必要があり、それにはまだ時間がかかるだろう。

現在、自動運転車の実現において課題となっているのがこの責任問題だ。自動運転車が事故を起こした時、責任を負うのは誰なのか？　自動運転車の場合は近い将来に何らかの解決策が提示されるだろうが、すべての分野でそうなるわけではない。

特に経営そのものに関する仕事やそのビジネスの本質にかかわる仕事は、いやでも人間が判断し、責任を負うことを求められ続けるだろう。

ヒューマンプレミアム度　＋２

5 あいまいさから具体性を引き出すことを求められる仕事か

どの職種においても、言語化することは難しいが、相手（顧客）が求めるものに対応しなければならないことが多くある。

たとえば、第3章で述べた診療放射線技師は、単に撮影をすればよいわけではなく、問題になりそうなことを把握し、診断する医師が期待する画像を撮影しなければならない。単に言われた通りのことをすればいいわけではない。別の言い方をすると、「コミュニケーション」が重要な仕事だということだ。行間を読んだり、明確になっていないプロトコル（データ通信を行う際の手順や規約）を把握したりしていなければならないのだ。

工業デザイナーやグラフィックデザイナー、広告などのクリエイティブな仕事も同じかもしれない。これらの仕事では、クライアントの思い（場合によっては、クライアント自身でもよくわかっていない）を把握し、形にする能力が求められる。

一般的に、クリエイティブ系の仕事はAIによる代替が難しいといわれる。パターン化されたものを少しずつアレンジしていくことは、AIでも可能かもしれないが、AIなどを持ち出さなくても人間がやることもできる（実際、現在では「完全にオリジナルなもの」

はほとんど存在しない）。

何もない真っ白な紙の上に「自由に何を書いてもいい」と言われても、何を書いていいかわからない人は山ほどいる。ましてや、それを誰か他人のために、その人や会社の思いに合うように創作するという仕事は難しい。だからこそ、多くの人や会社は誰か他の人がつくった一次創作の周りに経済圏をつくりだすことになる。

日本では二次創作文化も盛んだが、たくさんの二次創作の中央に一次創作がある。思いにならない思いや声にならない声を自主的に模索し生み出す能力は、今のところＡＩに代行させるのは難しそうだ。

▼ヒューマンプレミアム度　＋１

6 人が対応することが期待される仕事か

ＡＩ翻訳が高性能になるにつれ、翻訳や通訳の仕事はなくなるともいわれているが、すべてをひとくくりにするのは正確さに欠けるだろう。Ｇｏｏｇｌｅ翻訳をはじめとする機械翻訳の進化は著しい（まだまだ笑ってしまうような訳出も多いが）。ひと昔前は結局自分ではじめから訳したほうが早かったが、最近は下訳として使う分には十分に実用に堪えるようになってきている。

最近、海外の会社のサイトやショッピングサイトには言語の切り替えボタンがついていて、日本語などに切り替えることができる。クリックすると確かに日本語になるのだが、明らかに機械翻訳による不自然な日本語が表示される。ただし、内容を把握するうえでは重大な問題にはならないので、それはそれで受け入れられる。

ＡＩによる機械翻訳が今後さらに発達してくれれば、確かに「ちょっと、この簡単な文章を翻訳してくれるかな？」などという仕事はなくなるだろう。パソコンで扱うような文章であれば、翻訳サイトにコピペするだけなのでわざわざ他人に頼むようなことではなくなるだろう。その一方で、話はそれほど単純ではないことも多い。

たとえば、あなたが海外の事業者と何かタフな交渉事をやっていたとしたらどうだろうか。そこにはドキュメントの翻訳もつきまとうし、交渉事ならそこには通訳も入る。

最近はスカイプに同時通訳の機能がついてきており、現状は意味をくみ取るにはどうにか大丈夫という、Ｇｏｏｇｌｅ翻訳と同じくらいのレベルに仕上がっている。このシステムが継続的に使われていけば翻訳の精度はさらに上がっていくだろうが、意味を取り違えると相当な問題になるような非常に大事な場面で、どこまであなたはＡＩの翻訳・通訳を信用することができるだろうか。通訳や翻訳の難しさは、「その訳を本当に信頼できるのか」というところにある。

まだ英語であれば理解する人は多いので、おかしいなと思ったら原文にあたってみることも可能だ。しかし、自分がまったく理解できない言葉だとしたら、もはやＡＩの翻訳や通訳が正しいのかどうかを確認する術がないわけだ。

非常に重要かつ間違いを起こすことが許されない案件でＡＩ翻訳・通訳を使うのであれば、一次翻訳・通訳はＡＩがやるにしても、結局は人が介在するようなことは案外長く続くかもしれない。おそらく5年か10年でＡＩ翻訳のレベルはさらに向上し、下手な通訳者や翻訳者よりできがよくなるかもしれない。しかし、金額の大きな重要な契約や政治、外交に関する交渉などでは、人の介在を求める声はなくならないだろう。これも、「責任」という点がかかわってくるからだ。

エンターテインメントなどの分野も、引き続き人間がやることを期待されるだろう。そこには、音楽のアーティストから、スポーツ競技の選手、さらには囲碁や将棋の棋士なども含まれる。これらの競技は、つまるところみんな人間同士が競い合ったり演技を見せたりすることが期待されている。特にスポーツや踊りなどの体を使うものは、そもそもＡＩロボットがその人間のレベルに追いつくまでに時間が必要だ。だが、仮にロボットがそのレベルに達したとしても、そうした競技はやはり人間同士が行うのを見るものだという認識は変わらないだろう。もしロボット同士の競技があったとしても、それは人間が行うものとは別枠の話になるだろう。

将棋はもとより囲碁も、ＡＩが人間のプロ棋士に勝つ時代である。それはそれで確かに話題にはなるが、やはり、みんな藤井聡太四段の戦いに盛り上がる。

そう考えると、エンターテインメントやスポーツの分野というのは、案外堅実な職業になりうるのかもしれない。その世界で食べていけるようになるための競争は激しいが、ＡＩの脅威を意識する必要性が低いかもしれないからだ。

▼▼▼ヒューマンプレミアム度　＋1

7 その仕事は世の中のトレンドに乗っているか

昭和の時代に技術者だった人は、自動車や家電などの伸びていた業種で面白い仕事がたくさんあっただろうし、機械やエレクトロニクスのエンジニアにしてみれば、まさにそこが自分の能力を伸ばす、いるべき場所だった。それが、1980年代から90年代になってくると、ソフトウエアの比率がどんどん大きくなる。ソフトウエアだけで商売をしている会社があっという間に伸びていっただけでなく、自動車や家電、産業機械などの伝統的な工業製品でもソフトウエアの占める比率が大きくなってくる。

ましてや、現在は「インダストリー4・0」※やIoTという言葉でわかるように、ハードとソフトがさらに融合していく時代だ。AIはそれ単独で存在するのではなく、まさに頭脳としてあらゆるところに必要な存在だ。そのため、今やAI関係のエンジニアは、世界的に不足している。できるエンジニアであれば、シリコンバレーや世界のその他の国のベンチャーに高給で雇ってもらえるかもしれない。そこまでいかなくても、とりあえずまともに仕事ができるのであれば、やはり雇用は十分にあるはずだ。

これからAIが人間の仕事を奪っていく可能性があるといっても、まずそのようなAIを開発しなければならない。そのための人手も足りない状況なのだ。

AIを開発するような職種ではないとしても、やはり上げ潮の、伸びる産業にいるということは何より重要だ。それは、人事や法務といった一見AIとは関係なさそうな職種に

※　インダストリー4.0　ドイツの産学官が協働する国家プロジェクト。製造業の長期ビジョンを示しており、そのコンセプトはスマートファクトリーとされている。一般的には「IoTやAIを使った製造業の革新」の意味で使われる

ついても同様だ。最近は既存の法律では技術の進歩をカバーしきれなくなってきていて、何かあっても対応する法令がない、あるいは海外にはあるが日本では追いついていないということもある。新しい分野、新しいテクノロジーと法律というような切り口で、これから伸びていく分野にかかわることは、自分のポジションを確保していくことにつながる。

人事にしても、伸び盛りの会社ほど急いで人を採用しなければならない。その中で、会社に本当に必要な人物を雇うことに貢献できるのであれば、重宝される存在になる。

ニューフロンティア度　＋1

8 頭脳的な業務よりも肉体を動かす作業が多いか

あくまでもＡＩは頭脳であり、物理的な現実世界においては、それ単体ではどうしようもないところがある。人間がさまざまなことに対応できるのは、脳があるからというのはもちろんだが、やはり肉体があるからだ。肉体を使う作業の一部をロボットなどをはじめとする機械で代替することができても、全部の作業を代替して、なおかつそれら一連の作業をつなげ、必要に応じて手順を組み替えて作業をするのは案外難しい。筆者は大学で機構設計の授業も教えているが、機械と比較すると、人間がよくできていることがわかる。

工場ではファクトリーオートメーション（ＦＡ）が１９７０年代、80年代から進み、今やスマートファクトリー※の時代だが、工場から完全に人が駆逐されたわけではない。大きな作業から繊細な作業まで、必要に応じていろいろなことができる人間に代わる存在は今のところない。

むしろ、ＡＩと相性がいいのはオフィスでキーボードをたたけば仕事ができてしまう、いわゆるホワイトカラーの仕事のほうだろう。弱いＡＩだけでは仕事全部が置き換わるわけではないが、たとえばさまざまな情報機器がつながり、あるいはセンサーなどで自動的に情報がコンピューターの中に蓄えられるようになると、従来情報を手入力、あるいは再入力していた手間はなくなる。

それに対して、ある程度肉体を使う仕事の場合、頭脳としてのＡＩの成長とともに、ロボットをはじめとする物理的なデバイスも大きく進化する必要がある。たとえば理容師や美容師などを考えてみよう。お客さんの頭の形や髪の質、好みなどは一人ひとり違う。それを理解したうえで、仕上がりを予測して髪をカットしていく。

ある程度情報が集まれば、どんな髪型がいいか提案をすることもできるが、ＡＩにでき

※　スマートファクトリー　工場内のあらゆる機械設備や管理システムを有線、無線で接続し、全体効率の最大化を目指す工場のこと

るのはそこまでだ。当面の間、人間のように髪の毛をカットしてくれる人間のようなロボットをつくるよりは、人間を育成したほうが早いだろう（ひょっとしたら、全部バリカンで刈ってくれればいいという人向けのものくらいは出てくるかもしれないが）。

ホテルの部屋の清掃係なども同じだろう。掃除機をかけて床をきれいにし、ベッドメーキングをして、浴室とトイレ、バスタブ、洗面台を掃除し、その他部屋の中で気になるところもすべて対応する。人間が1人いれば全部できるが、人間と同じレベルでこれらの作業をすべて1台でできるロボットが登場するのは遠い先のことだろう。

看護師の仕事もそうだ。病棟の看護師は検温、血圧測定、注射、点滴、医師とのやり取り、診察時の補助、入院患者の世話など、多様かつデリケートな業務をこなしている。患者の緊急事態にも臨機応変に対応する必要がある。看護師によってスキルに差はあるが、いずれにしても、看護師が1人いればほとんどの作業をこなすことができる。

このように考えると、専門職でも、一見単純作業に見えるような仕事でも、頭脳と肉体を駆使する多様な作業には人間にアドバンテージがあると考えていいだろう。

▶▶▶ヒューマンプレミアム度　＋1

9 柔軟性と瞬発力が試される仕事か

一般に、コンピューターが得意とするのは定型的な処理で、それも大容量のデータを一気に処理していくことだ。近年その能力が急速に高まると同時にコストが大幅に下がったため、さまざまな情報の急速なデジタル化とあいまって、ビッグデータの処理が楽になった。それが、結果的にＡＩの進化にもつながっている。確率統計的な処理やその他の数学的な手法も取り入れられ、十分なデータがある場合は相当正確な予測ができるようになってきている。

だが、突発的な出来事には、現在のＡＩはまだ弱い。株や為替のトレーダーも将来的にはなくなる仕事に挙げられており、トレーディングの世界ではＡＩを駆使した自動ツールがどこでも使われるようになってきている。しかし現場のトレーダーに言わせると、まだＡＩは進化途上で、突発的なマーケットの変動に対応できないという。そのため、何かあると後ろにいる人間のトレーダーによる修正が必要になるのだという。

警察や消防などの現場ではどうだろうか。特に大規模な火事などでは、状況が時々刻々と変化する。場合によっては、制御が難しい状況でも消火活動を続けなければならない。

あるいは、巨大な倉庫の火事が一向に鎮火せず、内部の状況が把握できない場合でも消火を進めなければならない。

あらゆる仕事においてベテランが強いのは、長い経験に裏打ちされた明示的、あるいは暗黙的な知識があって、意識しなくてもその引き出しから現場に合う状況を拾い出して、その現場に適用できるからだ。筆者もかつてメーカーでエンジニアの支援をする仕事をしていた時、最初のうちはあたふたしていたが、いつの間にか電話越しにちょっと状況を聞いただけですぐ対応策が思い浮かび、大体においてそれが適切なアドバイスだった。

特に事例の多いケースは、昨今であればチャットボットに任せられそうだが、はじめて起きた問題、あるいは事例が非常に少ない問題だったらどうだろう。知識と経験に基づいた判断だけでは、大量の情報の学習を前提とした現在のＡＩには対処できない。そのような場合、直接関係なさそうなことも含めて、適切な推論をしなければならないからだ。

瞬発力と柔軟性とは、まったくの新しいこと、新しい事業をやる能力と言い換えてもいいかもしれない。

これまでやったことのない仕事の場合、従来にはない発想というクリエイティビティ以外に、作業を進めるうえで遭遇する、未経験の出来事にも適切に対応する能力が必要だ。

思考し、推論する時間的な余裕が与えられる場合もあるだろうし、その場で時間をあげずに解決しなければ手遅れになってしまうこともある。

逆に言えば、このようなことを確実にこなせる人間の生存確率は高い。

▼ヒューマンプレミアム度　＋1

10 法律に守られた仕事か（法的な参入障壁があるか）

資格を持っていなければできない仕事も多い。ここで言う資格とは、その業務を行うのに必要な、独占的な資格のことだ。弁護士や公認会計士、医師などその代表格だが、第3章で紹介したように、医療従事者関連の仕事にも実はたくさんある。医師免許を持っていればオールラウンドに医療行為を行うことができるが、医師以外の人が同様の作業をする場合、専門の資格がなければできない。

明確な国家資格ではないが、やはり独占的なものとして国籍もある。たとえば国会議員になるには日本国籍が必要だ。どんなに素晴らしいAIロボットが出てきたとしても、国会議員にはなれない。人間が国家を形成し、かつその国家は法をもって統治されている以上、その仕事は人しかできない。これはＡＩに対する強いアドバンテージだと言える。資格ではないが、やはり日本国籍を持つ人が公務員試験を受けることが必要な国家公務員、あるいは地方公務員もとりあえずＡＩに職を奪われることはなさそうだ。

また医師の場合には、今後高齢化が進む中で医師が多すぎるということにはならないだろう。弁護士も、確かに弁護士登録が増えて事務所に就職ができない人が増えている一方で、企業内弁護士の需要は増えている。２０１７年8月21日の日本経済新聞の記事では、企業内弁護士の数がこの10年で10倍に増えたと報じている（ＩＴ関連企業が積極的に採用を進めているようだ）。

資格という防波堤がある職業は、それだけでＡＩに対する抵抗力があるのは確かだ。そのうえで、これから伸びる分野に詳しくなる、あるいはＡＩを利用した道具を積極的に活用できるようになることが、常に仕事を維持していくための条件になるだろう。

▼ヒューマンプレミアム度　＋1

（これまでにないタイプのベンチャーと組んでプレーヤーと仕事をするなら、ニューフロンティア度　＋1）

実はＡＩの前に心配することがある

ＡＩが自分の仕事を奪うのではないかという懸念はまだ今のところ漠然としており、もしそうだとしても今日とか明日という話ではない。では何が懸念かというと、それは人手不足だ。最近、人手不足倒産も話題になっている。また、形としては倒産ではないものの、後継者難や事業承継がうまくいかないなどの理由で、まだ会社に余裕のあるうちに廃業をしてしまうというケースもある。

ここ数年は基本的に景気が悪くないこともあって、倒産自体は低水準で推移しているが、休眠や廃業の件数は増えている。東京商工リサーチの調べでは、２０１６年に休業や廃業、解散をした企業は前年比８・２％増の２万９５８３件で、倒産件数の３・５倍と過去最多になっているようだ。つまり、ＡＩを待たずして、すでに雇用の場そのものが失われつつあると考えられる。この中には、業績は悪くないが人を集められる見込みがないので事業をやめる、という会社も少なからず含まれているはずだ。

人手不足は、これから伸びていこうとする企業の足かせにもなる。従来、人手不足が目立っていた業界は建設業や飲食業、あるいは運送業だ。しかし実際には、ソフト開発などの「情報サービス業」も同様だ。2017年8月24日、帝国データバンクは人手不足に関する企業の動向調査の結果を発表しているが、前年7月比で7・5ポイント増の45・4％の企業が、「正社員が不足している」と回答しているそうだ。

情報技術だけの話でなく、ハードウエアの製造も同様だ。中小の製造業だけでなく、比較的規模の大きな会社にまでその影響は出てきている。

自動車会社では製造現場での期間工の確保に困っていたり、金属製品の会社では現場技術者の不足ゆえに受注活動を抑えたり、機械メーカーでも人手不足のため納期が遅延したりして、結果的に買い手はいるのに受注できないという状況に陥っている。

今の日本、これ以上労働力を確保しようと思えば、まだ労働市場に出てきていない女性にもっと活躍してもらうか、元気な高齢者にできるだけ長く現役で働いてもらうしかない。

とはいっても、従来から中小企業においては、大手と比較していくら募集をかけても人材が集まらないという傾向が続いている。何とか、待遇も含めて改善をしようとしている会社も少なくないが、すぐに人手不足が解消できるような状況ではない。そのため、まさに本来人の仕事を奪うはずだったAIをはじめとして、IoTやその他のITを活用して人材不足を解消しようという動きはある。

ただ、これも実は簡単なことではない。実際、現場からも「ＡＩやＩＴ、ＩｏＴを扱う人材が不足している」（輸送用機器）という声が、２０１７年６月のロイター企業調査でも聞こえてきているようだ。

実は今の日本において、直近の雇用の危機はこんなところにあるのかもしれない。ＡＩやＩｏＴ、ロボット関連の技術者、それを実際にサービスに展開するための技術者、さらには展開されたサービスを使いこなすリテラシーを持った人たちが不足している。

そうであれば、若い人たちはそのニーズのある分野を目指し、あるいは自分の分野でプロになったうえでツールを使いこなすリテラシーを身につける。中年以降だって分野の転換は可能だ。

日本でもヒットとなった『ライフ・シフト』（リンダ・グラットン、アンドリュー・スコット／東洋経済新報社）という書籍でも語られているように、これまでの人生プランはこれからの時代には当てはまらない。もっと柔軟に自分のライフプランを考えつつ、その中にＡＩや新しい技術を取り入れるよう自分を再教育していくことが重要になってくる。

第6章

ＡＩ時代に未来をつくる働き方のモデル

気がつくと時代は大きく変わっている

本書では、AI時代に本当に私たちの仕事は失われていくのか、あるいはそれは大げさな話なのかを考察してきた。これまで何度も述べてきた通り、現在使用されている、あるいは近い将来開発されるであろうシステムは弱いAIで、特定の限られた機能については圧倒的に強力な力を持つが、人間が普段やっている仕事を総合的にこなすことはできないというのが筆者の現時点での結論だ。

現在の延長線上のAIでは、これらの強力な機能をまとめ上げて使う人間という存在が必要だ。つまり、現在のところ、私たちの身近にあるAIは人間が使用することを想定しているため、人間そのものを排除することが難しい。したがって、この5年や10年で人間そのものが大半の職場からいなくなってしまうと考えるのは荒唐無稽だと言える。

ただ、既存の流れやルールを大きく変えるほどの影響を持った、「ゲームチェンジャー」のような技術が登場してくる可能性はある。そのような技術であれば、1年や2年とはいわないが、5年あるいは10年で大きく市場の環境を変えてしまうことがある。

商品で考えれば、それはわかりやすい。移動体通信、つまり携帯電話が登場した時、まずビジネスの環境で普及し、さらに個人での所有が当たり前になったあたりから、固定電話は長期的に凋落を始めた。今となっては、20代で固定電話を契約しているのは7・5%と1割に届かず、30代でも36・6%と4割以下だ。

その移動体通信も、2007年1月9日にスティーブ・ジョブズが初代iPhoneを発表して以降、フィーチャーフォンからスマホへと主役が完全に変化した。こうした変化は5年、あるいは10年で起こっている。通信手段も電話とファクスからLINEやFacebook Messenger、グループのコミュニケーションはSlackなどに移行している場合も多い。

AIを活用した新たな製品やサービスの中にも、このようなゲームチェンジャーが出てくる可能性がある。その時、いま自分が働いている業界や会社は大丈夫なのか。あるいは自分の業務に新たなテクノロジーが普及してきた時、それを使いこなすことができるのか、一歩進んで自身の価値を上げることができるのかを考え続けることが大事だ。

もっと言えば、自分ができる範囲でかまわないので、常に現在話題になっているテクノロジーに触れ、操作してみる必要がある。一過性のブームで終わるものが多いかもしれないが、それはそれでいい。

常に変化していかなければ生きていけない

「一生の職」とか、「〇〇一筋〇十年」というフレーズに憧れる人も多いかもしれない。しかし現在、多くの人にとってそれは難しい相談だろう。

もちろん、消防士や美容師、学校の先生などのような職業は、その仕事を辞めない限り一生やり続けることが可能かもしれない。だが、大学を出てどこかの会社に就職し社会人人生をスタートするような場合、自分の意思だけではどうにもならないことが多い。

技術者あがりの営業パーソンは珍しくないし、最初は事務職で会社に入社したがプログラミングを学んでＳＥになったとか、エンジニアだったのが転職して雑誌の編集者になったとか、やることが変わった人は当たり前のようにいる。

筆者も、自分の会社を経営するまではエンジニアからコンサルティング、マーケティング、営業まで勤め人の時にはひと通りやっている。自分の意思で変わったこともあるし、業務命令だったこともある。

何かの伝統技能の職人などでもない限り、人は案外いろいろなことをしている。よく言われることだが、強い者が生き残るのではなく、変われるものが生き残るということだ。

逆に言うと、変わらないでいることは退化だ。やたらに新しいもの好きである必要はないが、少なくとも世の中の職業の変化ややり方の変化、道具の変化には常に気を配っておきたい。

労働市場においてあなたは「商品」だ

自分で商売をするのでない限り、あなたを雇用する人がいる。会社の場合も役所の場合もあるが、いずれにせよあなたと組織は雇用契約を結んで、あなたは組織から給料を受け取る。何らかの理由で、あなたはその会社で働くのを辞めて別の会社に行くこともあるだろうし、逆に会社から不要だと宣告される（クビになる）こともあるだろう。

雇用形態として、期間に定めのない従業員（いわゆる正社員）の場合もあれば、契約社員、パート・アルバイトなどの契約を会社と交わして給料をもらうこともある。現代の資本主義社会において、私たちは自分の労働力を売ってその対価としてお金を受け取っているわけだ。人間のことを「商品」だとするのは語弊もあるが、つまるところはそういうことである。

商品には価値と使用価値があるが、すごく乱暴に言ってしまえば、その人を養成するのにコストがかかっていれば、その価値は高いはずで、基本的には高学歴のほうが高いことになる。ただし、同じ大学出でも使用価値が高いほうがより高く買ってもらえる。使用価値が高いうえに希少性があれば、なおさらだ。

ただ、その希少性は最近極めて短時間で変化していくことに留意する必要がある。つまり、その時代の旬のビジネスに精通していて、その中でも必要なのにあまり人がいないほど、商品としての価値は高いということになる。

何を言いたいのかというと、自分を継続的に「高く」売りたければ、自分の魅力もアップデートし続けなければならない。エンジニアで言えば、当面の間はＡＩやＩｏＴをはじめとした、これから伸びていきそうな産業ということになる（もちろん、それだけではないはずだ）。どのような産業が伸びていきそうか、あるいはどのような知識を身につけなければならないのか、ということは日ごろから注意していればなんとなくでもわかる。

メルマガやセミナーなど、その気になれば学ぶ機会はいくらでもある。そして、学ぶだけではなく、そこから自分がやりたいことを考えたり、自分の仕事に生かす方策を考えたりして、実際に適用してみるのもいいだろう。

ＡＩを使ったサービスは、最終的には教養ではなくて実戦で効果を出せてなんぼの世界である。ぜひ、自分の商品価値を維持し続けよう。みなさんが、常に売れる商品やサービスを生み出すための改善をし続けているように。

「ＡＩ」リテラシーが存在価値につながる

人の仕事はその中身を簡単に分類することができないことが多い。あなたが一日を振り返った時、「今日一日、何だかわからないうちに終わってしまった」という感想の人も多いのではないだろうか。筆者自身にもある。毎朝、リストをつくって今日やることを明確にしている人であれば、何もしない人よりは少しましかもしれないが、そのリストは「作業」を並べたものであって、本当の目的はその先にあるのではないだろうか。

そして、そのやることリストはどうやって思いついたのだろうか。間接部門の場合、数字をあげるとか製品を完成させるという直接部門のゴールよりあいまいだ。そのあいまいなゴールを何とか目に見えるゴールにして、それらをさらに個別の作業に落としていくことが必要になる。ただ、直接部門にせよ間接部門にせよ、ＡＩが自分の仕事にどんな風に役立つのかを知るためには、ＡＩのサービスの機能とともに自分の仕事をよく知って、どこにサービスを導入するのが一番効果的なのかを考える必要がある。そう考えると、ＡＩの使いこなしにはそれなりに手間がかかるかもしれない。

ＡＩはさておき、これまでも便利なソフトウエアやクラウドサービスなどを導入したことがある、という人は少なくないだろう。実際にそれで本当に便利になって仕事がシンプルになったケースも多いだろうが、使いこなすのに時間がかかったり、融通がきかなかったり、追加の知識が必要だったというケースも少なくない。第5章でも述べたが、これからの人口減少時代にＡＩやＩoＴを使っていきたいのだが、そもそも、そのようなシステムを使いこなせる人材が社内にいない、という悩みを持つ会社も多い。

とはいえ、これからの職場環境では、コンピューターや自動化をはじめとするテクノロジーがますます職場の中で大きな位置を占めることになる。そうである以上、専門分野の知識やスキルがあって、常に最新のツールを使いこなしていることが従業員としての価値につながることは、容易に想像できるだろう。

言語の壁と参入障壁の消滅を生かそう

これまで、自動車や家電など世界的に存在感を示している業界はあるものの、多くの業界においては、日本の人口はビジネスを遂行するのに十分な大きさだった。ネット上で展開している日本企業によるサービスも、日本国内だけで展開しているものも多い。

一方、アメリカなどで始まったサービスは米国外でも幅広く使用され、もちろん日本で展開されているものも多い。従来、日本で展開するには「日本語」という壁を乗り越えなければならず、乗り越えるのにも時間がかかった。有望な海外の製品やソフト、サービスでも、「英語」というだけで抵抗を覚える人は年代を問わず現在も少なくない。

しかし、機械翻訳の進歩は目覚ましく、そこそこのレベルであれば現状でもサイトをまるごと翻訳することは可能だ。「日本語」という障壁が相当に低くなってきており、近い将来にはほとんどなくなっていることも考えられる。アメリカをはじめとした海外から日本に進出しやすくなると同時に、日本から海外へ製品やサービスを提供しやすくなるわけだ。もちろん、語学以外にも法律や商習慣など知っておくべきことは多いが、少なくとも海外とのコミュニケーションはしやすくなるだろう。

今後、人口が少なくなる日本だけでなく、ＡＩの翻訳機能などのさまざまなサービスを活用して、活躍の場を広げるということも想定してみてはどうだろうか。

人手不足と失業が同時進行する可能性もある

ＡＩの普及で面倒な仕事をＡＩに肩代わりしてもらえるようになることは、本質的には素晴らしいことだ。一方で、仕事を奪われた人はすることがなくなってしまう。一段高いスキルを目指すのであれば問題ないが、頭を使わない仕事ばかりしていたとすると、「社内失業者」の状態に陥る可能性がある。

ＩＴ化による失業の進行と、高齢化による労働力不足のスピードのどちらが速いかは議論の余地があるが、リクルートワークス研究所の試算によれば、２０２５年時点の潜在的余剰人員は２０１５年の４０１万人から１００万人増えた４９７万人にものぼるとしている。これらの余剰人員が市場にあふれると、失業率は大きく増える。もしそうならないとしても、戦力にならない大量の人員を社内に抱えることになるため、会社の競争力は大きく落ちてしまうだろう。

一方で、ＡＩの導入を順調に進めた会社は、本来の職務のスキルのプロとして、ＡＩを十分に活用し付加価値をつけた重要な人員を抱えることになる。そうなれば会社は効率的に業務を進められるだろうし、各従業員はより高いレベルの仕事ができる。

「勝ち組」になった従業員はいいが、仕事の高度化についてこられなかった従業員は職を失い、求職者となってしまう可能性がある。一方で、会社のほうも求めるスキルを持つ従業員を確保することは、これからもそう簡単にはいかない。いわゆる、雇用者と被雇用者の間のミスマッチだ。そうなると、仕事を求める人は多いのに、会社のほうは人手不足になるわけだ。

雇用される一個人としては、前述のように自分を市場における商品と認識し、産業で求められるスキルや知識を常に更新していく必要がある。

ＡＩで新しい事業を生み出すことの意義

本書では、ＡＩがもっと発展するであろう、これからの世界で生き抜くためのヒントを考えてきた。確かに、企業にとっては生産手段の費用を下げることが利潤の増加につながるので、ＡＩがその選択肢に入ってくれれば、今後の世界では人間にＡＩが取って代わることは必然だと言える。

ただし、それはそれで、個人だけではなく会社としても、社会的にも困ったことにつながる。前述したが、現在の資本主義社会では、自分の労働力を商品として売ることで収入を得て、さまざまなモノやサービスを購入している。その従業員がいなくなれば、まわりまわって、自社の商品やサービスを購入する人もいなくなってしまう。個々の企業の行動が、結果的には産業全体にマイナスの影響を与えてしまうわけだ。

しかし、これは個別の企業で解決できる問題でもなければ、個別の企業が主体的に責任を持つものでもない。資本主義社会において、会社は利潤を得るために存在するのだ。

本当にＡＩのみで、あるいはＡＩが主体的に事業を行い、人間は特に働かなくても食べていけることになれば、すべての国民に最低限の生活を送るのに必要な現金を支給する「ベーシックインカム」も考慮すべきなのかもしれない。

だが、その前にやることがある。もっとＡＩを活用し新たな事業を起こしていくことだ。それは、ＡＩ自体を活用した新しいビジネスもあるだろうし、本当に付加価値の低い仕事はＡＩに任せて人間は高付加価値、つまり収入の高い仕事を生み出していく形もある。

逆に、少子化が進む今の日本において、単純作業などを人間に任せるような余裕はなくなってきているし、海外に単純作業をやる人を求めても、そのような人はもう来てくれない。すでに、日本企業に勤める部長職以上、役員の給与は中国や東南アジアの国にも抜かれているのだ。

これからは貴重な労働力を「安い」仕事に就かせるべきではないし、今の日本にはその余裕もないはずだ。貴重な人材にはできるだけこれからのビジネスの中核を担ってもらい、技術者であれば、ＡＩをはじめとするこれからのテクノロジー分野に投入すべきだろう。より高い付加価値を生み出せるビジネスを多くつくりだすことができれば、結局はより満足度の高い雇用の実現につながるだろう。

今のＡＩだけでは解決できない問題に目をつけよう

ＳＦ映画に出てくるような強いＡＩでない限り、ＡＩの機能もまたその適用範囲も限定的だ。そして何より、ＡＩは人間で言えば「脳」にすぎない。人間の代行をするには手足も神経も必要だ。それらはロボットであったり、ＩｏＴに関連する技術であったりする。

ＡＩを使った遠隔診療や遠隔治療は今後有望だが、それだけですべてが片づくわけではない。結局医療は人間の医者が直接行わなければならない。そこに人が必要なのだ。現在、お産を受けつける産科の医師がいない市町村が増えている。そこに住む妊婦さんは、いわゆる出産難民になってしまうわけだ。勤務医の超過勤務が問題になって久しいが、産婦人科の人数は訴訟リスクなどもあって減少してきている。さらに、出産という性格上、夜中でも対応しなくてはならない。

日本は人口減少に悩んでいるというのに、子供を産む環境が荒廃しつつあるような状況だ。これについては、法律上の問題や、そもそも医師が人間らしく働く環境を整えていくなど、ＡＩとは別の問題もある。そして、当然このような問題はＡＩだけでどうにかなるものではないし、当面、全部任せられる「ロボット産科医」も登場しない以上、人間でどうにかしなければならない問題は山ほどある。

だからこそ、人の関与を必要最低限にしたうえで業務がまわる環境を整えるために、ＡＩを積極的に活用すべきだろう。逆に、そのような人手不足の職種を目指し、そこに高付加価値の業務を生み出すことが、自らの雇用を担保することにもつながる。

予言者に聞くのではなく、予言の自己成就を

本書でここまで述べてきた情報には、私だけが知っている特別なものは何もない。すでに公開されている情報をベースに、今後私が自分でビジネスをやっていくとしたらどう考えればよいのか、という視点で書いてきた。

現在どのような開発が行われていて、どのようなサービスがすでに市場に提供されているのかを知ることは容易だが、今後どのようなサービスが出てくるかを予測することは難しい。技術をどのようにビジネス化していくのかは、研究者ではなくＡＩを使うビジネス側の発想に依存するからだ。ＡＩを使ってビジネスをやる、あるいはＡＩを使ったサービスをつくる場合には、ＡＩの技術者である必要はないが、使用するＡＩの技術はどのようなものか、その可能性や限界はきちんと把握しておく必要がある。現実のビジネスにはどのようなニーズがあるのかを把握したうえで、具体化していく。

しかし、逆に言えば、これらのことができれば誰もがＡＩ時代のプレーヤーになれる。ＡＩに使われる深層学習や機械学習は、何か特別な産業にだけ使える技術ではなく、汎用的にさまざまな産業で活用できる。その方法は発想次第だ。大事なのは、ＡＩを使ったサ

ービスやソフトをつくるのであれ、あるいはAIを使った業務プロセスを構築するのであれ、それらをつくり上げる立場にいるということだ。

AIはどのような仕事を奪うのか、あるいはAIによってどのような新しい仕事が生まれるのか、という予言を人にしてもらうのではなく、むしろ、AIでこのようなことを実現したいと言い放ち、かつそれを実現することが重要だ。人に予言をしてもらうのではなく、自ら予言の自己成就をするのだ。

いま存在する仕事も、最初は1人、2人とごく少数の人がはじめた作業がだんだん大きく複雑になり、いろいろな人が加わり、社会の中でさらに多くの人が始めるとそれが職業と認知され、会社もその職種を募集しはじめる。そのようにひとつの仕事をつくり上げる立場にいればこそ、未来の仕事をつくることができるのだ。

だから、予言の自己成就こそが、自分の仕事を担保することだとも言える。

おわりに――ＡＩで奴隷労働から抜け出すチャンス⁉

最後に、希望的観測かもしれないが、以下の点をどうしても述べておきたい。

筆者としては、ＡＩに対して仕事を奪うというマイナス面より、コグニティブ・コンピューティングではないが、本当に人をサポートするもの、人が価値を生み出すことをサポートしてくれるものだと期待しており、今後はそのようなサービスがもっと生まれると考える。自分も、かかわることのできる分野でかかわっていきたいと思う。労働人口が減少するこれからの時代、人間が付加価値の低い（つまり低賃金の）労働を、特に若者にさせる余裕は日本にはないはずだ。

今の日本会社のコスト体系は、人口が増え続けていた高度成長期に、若者を安い給料で使って利益をあげていた時と本質的には変わっていない。そのような状態で21世紀ももう20年近くすぎてしまい、言葉は悪いが〝奴隷労働〟をする若者ももはやいなくなり、高付加価値の仕事をしてくれる人が不足しているのが今の日本ではないだろうか。

ただ、幸いまるっきり希望がないわけでもない。昨今、「なぜ学校で勉強する必要があるのか？」という質問をする子供が増えてきているようだ。もっと詳しく聞いてみると「なぜ、今学校で学んでいるようなことを勉強する意味があるのか？」ということだ。

自分が学校で学んだことを振り返っても、わざわざ覚えなくても「ググれば」すぐにわかる。知識量を増やすだけの教育はもう古いと言えるだろう。

もちろん、知識を増やすことが無駄だとは言わない。それこそ、ググって適切な結果を出すためにはそれなりの知識と教養も必要だからだ。

だが、むやみに知識を増やすことには意味がない。現在の中学生以下であれば、物心ついた時はすでにスマホがあって、自然に手元で情報をあやつっている。これからの世代は、自然にＡＩを活用して、どうやって価値を生み出すのかということにフォーカスされていくだろうし、そうなってほしいと期待する。

昭和生まれの筆者たちの時代の働き方を引きずる必要はない。時代によって働き方は変わるのだから、ＡＩでもっと「よく」働ける環境をつくるのがこれからの課題だと考える。

青春新書
INTELLIGENCE

こころ涌き立つ「知」の冒険

いまを生きる

"青春新書"は昭和三一年に——若い日に常にあなたの心の友として、その糧となり実になる多様な知恵が、生きる指標として勇気と力になり、すぐに役立つ——をモットーに創刊された。

そして昭和三八年、新しい時代の気運の中で、新書"プレイブックス"にその役目のバトンを渡した。「人生を自由自在に活動《プレイ》する」のキャッチコピーのもと——すべてのうっ積を吹きとばし、自由闊達な活動力を培養し、勇気と自信を生み出す最も楽しいシリーズ——となった。

いまや、私たちはバブル経済崩壊後の混沌とした価値観のただ中にいる。その価値観は常に未曾有の変貌を見せ、社会は少子高齢化し、地球規模の環境問題等は解決の兆しを見せない。私たちはあらゆる不安と懐疑に対峙している。

本シリーズ"青春新書インテリジェンス"はまさに、この時代の欲求によってプレイブックスから分化・刊行された。それは即ち、「心の中に自らの青春の輝きを失わない旺盛な知力、活力への欲求」に他ならない。応えるべきキャッチコピーは「こころ涌き立つ"知"の冒険」である。

予測のつかない時代にあって、一人ひとりの足元を照らし出すシリーズでありたいと願う。青春出版社は本年創業五〇周年を迎えた。これはひとえに長年に亘る多くの読者の熱いご支持の賜物である。社員一同深く感謝し、より一層世の中に希望と勇気の明るい光を放つ書籍を出版すべく、鋭意志すものである。

平成一七年　　刊行者　小澤源太郎

著者紹介

水野 操〈みずの みさお〉
有限会社ニコラデザイン・アンド・テクノロジー代表取締役。mfabrica合同会社社長。1990年代のはじめからCAD/CAE/PLMの業界に携わり、大手PLMベンダーや外資系コンサルティング会社で製造業の支援に従事。2004年のニコラデザイン・アンド・テクノロジーを設立後は、独自製品の開発の他、3Dデータを活用したビジネスの立ち上げ支援、3Dプリンター事業、シミュレーションサービスなど積極的にデジタルエンジニアリングを推進。

AI時代《じだい》を生《い》き残《のこ》る
仕事《しごと》の新《しん》ルール

青春新書
INTELLIGENCE

2017年11月15日　第1刷

著　者　水《みず》野《の》　操《みさお》

発行者　小澤源太郎

責任編集　株式会社プライム涌光
電話　編集部　03(3203)2850

発行所　東京都新宿区若松町12番1号
〒162-0056
株式会社青春出版社
電話　営業部　03(3207)1916　振替番号　00190-7-98602

印刷・中央精版印刷　製本・ナショナル製本

ISBN978-4-413-04525-4